本书由上海外国语大学贤达经济人文学院艺术与传媒学院硕士点培育项目（项目编号：Z30001.24.903）和上海外国语大学贤达经济人文学院三级学术骨干培育项目资助出版。

广告新未来

数字媒介、新消费与创意

许晓 ◎ 著

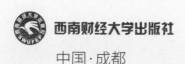

西南财经大学出版社

中国·成都

图书在版编目(CIP)数据

广告新未来:数字媒介、新消费与创意/许晓著.
成都:西南财经大学出版社,2025.5. --ISBN 978-7-5504-6711-8

Ⅰ.F713.81

中国国家版本馆 CIP 数据核字第 2025MU3755 号

广告新未来:数字媒介、新消费与创意

GUANGGAO XIN WEILAI;SHUZI MEIJIE、XIN XIAOFEI YU CHUANGYI

许晓 著

策划编辑:何春梅 李思嘉
责任编辑:李思嘉
责任校对:邓嘉玲
封面设计:冯丹 谭森
责任印制:朱曼丽

出版发行	西南财经大学出版社(四川省成都市光华村街55号)
网 址	http://cbs.swufe.edu.cn
电子邮件	bookcj@swufe.edu.cn
邮政编码	610074
电 话	028-87353785
照 排	四川胜翔数码印务设计有限公司
印 刷	四川煤田地质制图印务有限责任公司
成品尺寸	170 mm×240 mm
印 张	13
字 数	181 千字
版 次	2025 年 5 月第 1 版
印 次	2025 年 5 月第 1 次印刷
书 号	ISBN 978-7-5504-6711-8
定 价	58.00 元

·作者简介·

　　许晓，上海外国语大学贤达经济人文学院教师，澳门理工大学文化遗产与人类学博士在读，澳门智慧城市艺术发展协会理事。研究方向：数字媒体艺术、文化遗产与人类学、剧场用户体验服务设计。个人主持和参与上海高校青年教师培养资助计划、上海市产学研项目、上海高等教育学会规划课题、上外贤达学院校级科研课题、教育教学改革项目、一流课程建设项目等10余项；作为教学团队成员获得上外贤达教学成果奖；在国内外学术期刊发表学术论文15篇；指导学生参加教育部认定赛事如中国好创意设计大赛、全国高校大学生数字艺术设计大赛等和其他国内外设计竞赛共获奖250余项；个人获奖30余项，作品在武汉影像艺术中心、崇明文化馆、澳门青年发展服务中心多地展出；参与商业实践项目多次；曾带领学生参加文旅文创直播活动、新世界城IP形象设计、上海射箭协会IP形象设计、虹口曲阳美丽家园墙绘设计等实践项目，坚持践行产学研相结合的理念开展教学与科研活动。

　　联系邮箱：550489570@ qq.com。

·序一·

数字时代的底层逻辑是数字观念的建立、数字技术的普遍应用，从而建立起人类赖以生存和发展的新一代数字化基础设施，作为数字化基础设施的一个齿轮或组成部分，广告行业正经历着前所未有的变革。作为一位长期关注广告业态发展、致力于培养广告人才的教育者，我非常高兴地看到，许晓——这位勤奋而富有才华的青年学者，以其敏锐的洞察力，为我们带来了一部具有前瞻性和实践指导意义的佳作——《广告新未来：数字媒介、新消费与创意》。

许晓在高校任教，目前博士在读，我们相识已有 5 年的时间，她在工作和科研上的勤奋与上进，给我留下了深刻的印象，我见证了她在学术道路上不断辛勤探索的过程。本书于 2022 年完成初稿，又经过近两年的打磨，充分体现了她对广告行业的深刻理解，同时也是她多年研究成果的集成。

本书首先为读者展示了数字媒介、新消费与广告创意之间的内在联系和互动机制。许晓敏锐地捕捉到了数字化浪潮下广告转型的脉搏，对直播广告、短视频广告、互动装置广告、元宇宙广告、虚拟偶像广告等当前广告新形态进行了较为全面而深入的剖析，不仅对广告新形态从行业发展、诞生原因、类型比较、功能分析等方面进行了清晰的描述，还对其未来发展进行了深刻的思考；聚焦数字环境下的消费重构和社交网络中的消费者行为，深入分析了数字时代消费者行为的底层逻辑和变化趋势；探讨了广告内容创意与营销、广告的全球化与本地创新等议题。本书通过对话题营销、用户参与广告生产、场景化内容营销等案例的剖析，揭示了广告创意在数字时代的重要性及实现路径，还对中国市场的广告文化生态和跨文化语境的广告传播进行了深入探讨，对未来广告的核心驱动力和多场景应用进行了展望，为读者提供了对未来广告发展的深刻思考和启示。本书具备了顶层构建、资料调研、独特视角、趋势研判等多个优质因素，展现了许晓在广告创意领域的深厚底蕴和广阔视野。本书不仅具有一定的理论深度，还紧密结合了市场实际，给读者以启示。

在此，我衷心推荐《广告新未来：数字媒介、新消费与创意》一书给所有关注广告行业发展、致力于广告创意与营销的读者朋友们。我相信，通过阅读这部作品，你们能够更深入地理解数字时代下广告行业的变革和发展趋势，更准确地把握消费者行为的变化和趋势，更灵活地运用广告创意与营销策略来应对市场的挑战和机遇。我在恭喜许晓成书问世的同时，也期待许晓在未来的学术道路上能够持续奋进，为我们带来更多具有创新性和实践指导意义的佳作。

丁蔚[①]

2025 年 1 月 12 日

---

① 丁蔚：上海大学上海美术学院副教授，2018 年阿根廷 G20 峰会国礼设计师，人民网"人民+"文创系列签约设计师，"未来设计师·全国高校数字艺术设计大赛"组委会学术委员会评审委员。

·序二·

　　随着数字化时代的发展，市场环境瞬息万变，广告行业正面临着前所未有的挑战与机遇。过去十几年间，我从线上互联网行业转向线下实体行业，从传统线下地推模式转型到线上传播，传播的速度和范围都实现了不同程度的升级。如何在数字化时代的快速发展中认知广告未来图景的多元化，已成为关键。本书通过深入探讨数字媒介的崛起、新消费趋势的变化以及广告创意的无穷可能，为读者提供现代广告业态的全新视角、展现未来广告的无限可能。当然，当落实到自身行业时，我们仍需从历史中学习，把握当下，畅想未来。

　　在数字技术的驱动下，广告业态持续创新，催生出直播广告、短视频广告、互动装置广告、元宇宙广告及虚拟偶像广告等新形态。对于立足线下空间的我而言，如何合理运用数字技术尤为重要。我所在的空间是聚焦于儿童剧领域的小剧场——这一演出行业的细分赛道。无论是剧场还是演出本身，作为以"现场感"为核心的行业，新广告形式能为用户带来更直观的体验。例如，自2019年起，我们尝试通过视频记录装台日记和演出现场，这些幕后记录和现场影像对用户而言更加生动，也更具收藏价值。本书通过数字技术演变与案例分析，展示了新技术对广告的影响，以及品牌或个人如何利用这些媒介提升品牌价值，从而以更灵活精准的方式与消费者互动。

　　传统演出行业的广告仍以内容宣传为主，而 AI 技术正以超乎想象的速度发展，传统广告策略已逐渐难以满足市场需求。在新消费时代，我们必须抓住工具优势，通过洞察新消费结构中的用户需求，使广告创造更大价值。本书分析社交网络中的消费者行为，聚焦"分享型消费"

"圈层化消费"和"体验式消费"三类模式，结合品牌案例探讨消费者对个性化与互动性的需求。对于我所处行业而言，这三种行为正是当前运营核心之一——除演出内容品质外，我们还需根据用户需求匹配剧场体验与服务。例如在演出前我们设置手工区、阅读区及打卡区，并针对剧目内容设计对应区域的视觉与互动体验，形成完整的内容链条，让等候入场的亲子家庭感受安静舒适的氛围；演出后安排合影及定制戏剧礼物，使观众与演员近距离交流，通过纪念品延续剧场记忆。这种体验设计自然激发了用户的主动分享意愿。

无论广告业态如何演变，创意始终是吸引消费者的核心要素。过去五年间，在"流量时代"的生存压力下，广告内容的品质与创意至关重要。本书通过广告创意与营销的案例解析，揭示了数字化背景下如何发挥创意力量，强调广告策划中的创新思维。许晓以全球化视角结合本土化实践，为从业者提供了突破常规、创造吸引力的参考策略。

当我们总结过去、立足当下时，亦需展望未来。AI 技术对广告业态的影响犹如双刃剑，如何承担未来广告的责任并开拓其无限可能愈发重要。本书以前瞻性视角解读行业变革与趋势，对渴望在激烈竞争中脱颖而出的品牌及个人具有重要指导意义。

章芳雅[①]

2025 年 1 月 13 日

---

① 章芳雅：小不点大视界亲子微剧场杭州剧场经理。6 年电影从业人，8 年戏剧从业人，参与过上海国际电影节、北京国际电影节、乌镇戏剧节票务营销工作。作为戏剧制作人，执行及运营过 100 多个国际剧目在中国的 3 000 多场演出，在剧场一线服务过超过 20 万个家庭。

·序三·

国内电商行业飞速发展，时至今日，用户运营已成为电商行业中的关键性策略，我所经历的多家电商企业例如网易、阿里、得物均针对用户运营成立单独部门并专项管理运营。如何通过精准的广告策略吸引并留住用户，也是每个电商从业者都在思考的问题。本书以其深刻的洞察和前瞻性的视角，为电商用户运营提供了宝贵的指导和启示。

从传统广告到数字化广告，广告行业的每一次革新都伴随着媒介技术的进步。本书从理论到实践，全面梳理了广告在数字化浪潮中的转型过程，深入探讨了新兴媒介如短视频、直播广告、虚拟偶像等。对于用户运营从业者而言，这些案例和分析不仅是对现有实践的总结，更为未来的策略设计提供了宝贵的参考。我深刻感受到书中提出的观点与日常实践的紧密联系。例如，直播电商的爆发式增长，正是圈层化和体验式消费的集中体现。通过细分用户需求，利用KOL（关键意见领袖）的影响力以及沉浸式购物体验，我们能够更好地激发消费者的购买欲望，同时增强品牌忠诚度。

面对未来市场的需求，本书不仅提供了理论分析，还结合实际案例给出了具体的应对策略。例如在元宇宙、虚拟偶像、AIGC（人工智能生成内容）等方面，书中进行了前瞻性展望，为电商行业的未来发展指明了方向。

本书第四部分对未来广告的展望，既有前瞻性又务实。在强调技术驱动的同时，也将广告置于更广阔的社会背景中，探讨其伦理责任与社会价值。这种视角提醒我们，广告不仅是一种商业行为，也是一种文化现象，它在连接人与商品的同时，也在传递价值观、塑造社会认同。

《广告新未来：数字媒介、新消费与创意》是一部兼具理论深度和实践思考意义的佳作，为电商用户运营从业者提供了宝贵的参考。对于我们这些身处数字化运营核心的实践者而言，这本书更像一座灯塔，指引着我们在快速变化的行业中，如何通过创新和文化理解，走得更远、做得更好。

洪之博①

2025 年 1 月 8 日

---

① 洪之博：7 年一线大厂实战经验，深度参与网易考拉 0~1 会员体系搭建、得物社区电商用户成长等标杆项目，现为阿里巴巴淘天集团高级会员运营。

·前言·

当今社会，数字技术的快速发展已经彻底改变了广告行业的生态格局。从早期单向信息传递的广告模式，到如今多维度、全方位覆盖的广告模式，广告正逐步成为连接消费者、商品与文化的纽带。数字媒介、新消费模式以及创意技术的崛起，不仅为广告行业带来了前所未有的机遇，也提出了新的挑战和变革需求。

过去，广告更多地被视为一种商业推广工具，以获取注意力、传递产品信息为主要目标。然而，随着互联网、移动设备的普及，以及大数据、人工智能等新兴技术的应用，广告逐渐演变为具有互动性的社会交流形式。消费者的信息接收方式从被动转向主动，消费行为也从单一功能性购买向体验式、个性化、多元化发展。在这种背景下，广告不再是简单传递信息，而是通过整合视觉、听觉与体验，为消费者带来更深刻的品牌感知与情感联系。

本书的核心内容聚焦于三个重要主题：数字媒介的变革、新消费的兴起以及广告创意的创新，从理论和实践两个维度，探讨数字技术如何推动广告行业的转型，消费者行为的变化如何影响广告策略，以及如何注入创意以赋能品牌传播。每一部分都以鲜活的案例和深入的分析为支撑，力图为读者呈现广告行业的最新动态与发展趋势。

第一部分　数字媒介的革新

数字媒介的兴起，使广告传播进入了一个全新的时代。从早期单向的广播电视广告传播，到如今基于算法的精准推送，广告形式经历了多次迭代。技术的进步让广告可以在更短的时间内，触达到更精准的目标用户群体。通过直播、短视频、虚拟偶像等新型传播方式，广告不仅丰富了品牌与消费者之间的互动形式，也显著提高了转化效率。本书分析了这些媒介技术如何改变广告内容的呈现方式，并探讨新兴媒介形态如元宇宙广告的前景。这些技术的背后，是一个以数据驱动、人工智能赋能的广告行业新生态。对广告从业者来说，理解并掌握这些新技术，是未来竞争的关键所在。

第二部分　新消费的崛起

消费行为的变化是推动广告创新的另一重要因素。数字环境下，消费者的需求不再仅限于产品本身，而是对购买过程、品牌价值和社会意义有了更高的期待。本部分归纳出分享型消费、圈层化消费和体验式消费三种典型模式，叙述广告如何适应这些新消费趋势，并以案例说明品牌如何通过广告融入消费者的社交网络，建立深层次的情感连接。例如，分享型消费中，消费者倾向于将自己的消费体验分享到社交平台上，品牌可以通过策划病毒式传播的广告，扩大产品影响力；而在圈层化消费中，消费者更注重与志趣相投的群体互动，广告需要根据圈层文化的特征，制定具有针对性的传播策略；体验式消费则强调功能和情感的双重满足，广告需要设计沉浸式内容和创意场景，以激发消费者的兴趣。

第三部分　创意的力量

创意是广告行业永恒的主题。在技术进步和消费需求变化的双重驱动下，广告创意正迎来前所未有的突破。从内容形式到传播媒介，创意的表现手段越来越多元化。无论是通过场景化的内容营销，还是用户参与生产的广告形式，创意不仅是提升广告效果的关键，更是品牌构建文化内涵的重要手段。本部分分析了当代广告创意的几大趋势，包括以用户为中心的内容生产模式、跨文化的广告传播策略以及全球化与本地化结合的创意实践。这些创意不仅赋予广告更多的社会意义，也增强了品牌与消费者之间的情感共鸣。

第四部分　面向未来的广告行业

展望未来，广告行业将持续在技术与人文的交汇处寻找突破点。人工智能、虚拟现实、区块链等技术的普及，将进一步扩展广告创意的边界；与此同时，广告作为一种文化传播的形式，其社会价值也将愈加受到重视。本部分探讨了广告的伦理责任、行业规范以及广告在塑造未来价值观中的作用，这对广告良性发展至关重要。

希望通过本书的内容，广告从业者能够更好地了解行业的最新动态和未来发展趋势，并以此为基础制定更加科学、有效的广告策略。同时，对于学术研究者而言，本书也试图提供一个多角度的分析框架，以引发关于广告与社会互动关系的更多思考。同时，也希望本书能够带来大众对广告的思辨性考量，让广告不仅成为商业成功的手段，更成为一种文化传播的力量。

许晓

2025 年 2 月

目 录

第一部分
数字媒介

第一章

数字化浪潮下的广告转型

　　世界通过视觉机器被编码成图像，而我们——有时还要借助机器，比如看电影的时候——通过这种图像来获得有关世界的视觉经验。这样，在看的行为、图像与机器之间就存在着复杂的关系：或是被动地接受，或是抵抗，或是商谈、妥协和合谋等。视觉经验技术化的浪潮源于19世纪，正如安妮·弗莱伯格所说："19世纪，各种各样的器械拓展了视觉的领域，并将视觉经验变成商品。由于印刷物的广泛传播，新的报刊形式出现了；由于平版印刷术的引进，道密尔和戈兰德维尔等人的漫画开始萌发；由于摄影术的推广，公共和家庭的证明记录方式都被改变。电报、电话和电力加速了交流和沟通，铁路和蒸汽机车改变了距离的概念，而新的视觉文化——摄影术、广告和橱窗——重塑着人们的记忆和经验。不管是'视觉的狂热'还是景象的堆积，日常生活已经被'社会的影像增殖'改变了。"

——摘自《视觉文化的奇观》①

---

① 拉康，鲍德里亚. 视觉文化的奇观［M］. 吴琼，译. 北京：中国人民大学出版社，2005.

第一节　从传统广告到数字广告

自原始社会人类需要信息交换以来，商品经济发展至现代社会，广告随着社会需要和技术革新呈现出多样化形式：叫卖广告、实物广告、招牌广告、文字广告、音响广告、广播广告、书刊广告、包装广告、招贴广告、橱窗广告、霓虹灯广告、电视广告、弹窗广告、贴片广告、弹幕广告、影视广告、直播广告、开屏广告、信息流广告、人工智能广告等。

广告，广而告之。陈列展示与口头叫卖构成了最原始的广告形态，商贩们此起彼伏的吆喝声编织出人类最早的商业交响。在人类广告文明的演进长卷中，不同文明都留下了独特的印记。公元前 3000 年的古巴比伦文明开创了实物象征广告的先河，商人以灌木枝象征酒肆，以皮靴模型标识鞋坊。古罗马人将广告艺术推向新的高度，他们在集市区精心设置告知牌发布讯息。意大利那不勒斯考古博物馆保存着一些过去刻在石壁上的广告凭证。

北宋毕昇发明了活字雕版印刷术后，济南刘家针铺制作了青铜版广告，铜版一掌大小，长 13.2 厘米，宽 12.4 厘米。版面以双线为框，内分三层。第一层栏内，印刻"济南刘家功夫针铺"八字；第二层栏内中部是白兔持杵捣药图案，两侧分别刻有四个楷书阳文，连起来为"认门前白兔儿为记"；第三栏内则是七列阳文，每行四字，从右往左，全文意思为："收买上等钢条，造功夫细针，不误宅院使用，转卖兴贩，别有加饶，请记白。"其上的"白兔儿"便是中国最早的商标，这也是目前已知世界上最早出现的商标广告，目前存放于中国国家博物馆中[①]。

---

① 参见：中国国家博物馆官网，https://www.chnmuseum.cn/yj/xscg/xslw/201812/t20181224_33205.shtml。

印刷术的发明为广告传播提供了物质技术条件，印刷效率得到了极大提高，大规模的批量生产成为可能。随着古登堡印刷术的发明，西方也迎来了属于印刷品的大时代。16 世纪报纸和杂志出现，成为广告的重要媒介。

古代的广告之所以未能形成独立的广告行业，主要由于广告传播手段受科技发展的制约。古代的商品生产依赖于小手工作坊，在尚未进入工业时代之前，商品物质仍处于稀缺状态。受技术的影响，广告的传播范围相当有限，因此人们的消费对象也相对单一。由于技术传播的局限性，广告的传播范围相当有限，信息主要通过口耳相传、集市交流等方式传播，人们对商品的认知和选择范围也相对狭窄。

在这种背景下，人们的主要消费对象集中在日常生活必需品和当地特产上，消费模式相对单一，缺乏多样化的选择。

随着技术的进步和生产力的发展，商品种类和数量逐渐增加，广告传播的方式和范围也得到了扩展，人们的消费对象开始多样化，消费模式逐步向多元化和个性化发展。

世界上最早的报纸广告出现在 17 世纪的英国。1645 年，一本名为《每周报道》的杂志第一次开辟了广告专栏，首创了沿用至今的"advertisement"一词来表示"广告"。1650 年，英文报纸《每周新闻》的"国会的几则诉讼程序"专栏里刊登了一则寻找 12 匹被盗马匹的悬赏启事，该启事被认为是最早的报纸广告。1731 年，英国创办了被认为是世界上最早的杂志《绅士杂志》，并第一次采用"*Magazine*"作为杂志名称。

欧洲工业革命的产物之一就是大众廉价报刊大量涌现。本杰明·戴（Benjamin Day）于 1833 年 9 月 3 日在纽约创办的《太阳报》（*The Sun*），是美国新闻史上第一份真正意义上的大众化廉价报纸，开创了《便士报》（售价仅 1 美分）的先河，标志着美国报业从精英政党报刊向大众商业报刊的转型。在《太阳报》诞生前，美国报纸售价普遍为 6 美分，主要面向精英阶层。《太阳报》聚焦本地化、生活化的新闻，如犯罪、火灾、市井逸事等，以"人情味"和通俗文风吸引大众。报纸三分之一的版面用于广告，开创了"广告支撑发行"的商业模式。广告收入使其能以低价销售，形成良性循环。本杰明·戴将价格降至 1 美分，通过广告收入弥补成本，使普通工人也能负担报纸费用，极大扩展了读者群体。与依赖政党资助的传统报纸不同，《太阳报》坚持独立运营，宣称"为所有人而闪耀（It shines for all）"，以吸引广泛读者为目的，避免卷入政治派系斗争。自 1837 年起，《太阳报》开始使用当时最先进的滚筒印刷机，每台印刷机每小时可印出报纸 4 000 份，使报纸的大量发行及时效性有了物质技术保证。

西方国家在中国创办了各类报刊，在上面大量刊登广告，实行经济文化侵略。1853 年《遐迩贯珍》在香港创刊，开辟广告篇专栏。1868 年《教会新报》（后改为《万国公报》）在上海创刊，第二期就刊登了洋行的广告。《上海新报》（1861 年）、《申报》（1872 年）、《新闻报》（1893 年）等商业报纸，一边为商家做广告，一边为自己打广告："开店铺者，每以货不销、费用多金，刷印招贴，一经风吹残，或被闲人扯坏，即属无用似不如叙明大略，印入此报，所费固属无多，传阅更觉周密。""观此新报，即可知某行现有某货，定于某日出售，届期亲赴看货面议，可免经手辗转宕延，以及架买空盘之误。"①

广告中介机构也正是在这个时期出现。1610 年，英国第一家广告代理店"商业登录所（The Public Register General Commerce）"的成立，标志着广告行业从个体化经营向专业化代理服务的转变。1841 年，美国人沃尔尼·B. 帕默（Volney B. Palmer）在费城创办了世界上第一家以代理报纸广告为主业的公司。该公司通过为报纸招揽广告并从中抽取佣金（初期 25%，后降至 15%），奠定了广告代理模式的雏形。帕默随后在波士顿（1845 年）和纽约（1847 年）扩展业务，其公司被广泛视为现代广告公司的先驱。此后，大批广告中介机构如雨后春笋，广告行业由此开始繁荣起来。

---

① 冯莉. 广告学［M］. 北京：中国铁道出版社，2016.

1826 年，尼埃普斯（Joseph Nicéphore Niépce）拍摄了世界上第一张已知的永久照片，名为《阳光下的窗户景象》。这张照片是通过"光敏石板"技术制作的，这一工作为摄影的发明奠定了基础。尼埃普斯的合作伙伴达盖尔（Louis Daguerre）在他去世后继续研究并改进了摄影技术，于 1839 年发明了达盖尔银版摄影法，这被认为是第一个商业化的摄影方法，达盖尔法通过在银板上暴露光线，并使用汞蒸气显影，创造出了清晰的图像。1853 年美国纽约的《每日论坛报》第一次采用摄影照片为一家帽子店做广告，从此摄影图片成了重要的广告表现手段。与此同时，插图广告开始在英国的报刊上出现。1931 年，美国《芝加哥民报》基于套色技术和印刷技术，用红、黄、蓝三色刊登出彩色广告。摄影的发明大大推动了广告的发展，尤其是在视觉图像表征效果上，达到了前所未有的效果，一直持续到今天。

伴随广告代理公司出现，近代广告的内容和形式都更加专业，传播范围更广，消费开始兴盛起来。随着时代的演进，特别是数字化媒体的蓬勃兴起，其影响力已远超单纯的技术革新范畴，更深刻地重塑了广告的视觉表达。新兴科技不仅催生了艺术创作的繁荣景象，更为商业广告的视觉文化注入了丰富多元的表现手法。如今，更多富有感官冲击力的图像符号如潮水般涌向公众视野，它们所展现的直观、生动和深入人心的特质，有时甚至超越了传统推销员努力推销所能达到的效果，成为一种更为强大且有效的说服力量。

进入 19 世纪后，人类科学技术发展飞速，社会经济空前繁荣，广播、电影、电视、录像、卫星通信、电子计算机等电子通信设备技术的发明使得广告进入了现代化技术时代。安妮·弗莱博格（Anne Friedberg）的研究贯穿技术史，从 19 世纪的摄影术到 21 世纪的虚拟现实，她揭示了视觉技术如何塑造社会权力关系：摄影术不仅记录现实，更通过"家庭相册"重构记忆政治，将私人生活转化为可存档的视觉商品，而数字时代的"虚拟视窗"进一步模糊了真实与模拟的界限：用户在社交媒体的"时间轴"上滑动，实则是在资本预设的框架中进行"历史消费"①。

1990 年，马克·波斯特（Mark Poster）在《第二媒介时代》（*The Second Media Age*）中将媒介分为"第一媒介时代"和"第二媒介时代"，第一媒介时代具有以下特征：

（1）一对多式的中心化的媒介生产；

（2）单向传播；

（3）媒介总体上受到国家的控制；

（4）通过媒介大量复制了社会分层和不平等；

（5）处于分裂状态的大量受众；

（6）媒介塑造了社会意识。

第二媒介时代的特征如下：

（1）去中心化；

（2）双向传播；

（3）媒介跨越了国家的控制；

（4）民主化；

（5）媒介宣扬的是个人意识；

（6）以个人为指向②。

第一媒介时代和第二媒介时代最明显的技术内含就是前者以广播作为新的里程碑，而后者是网络时代开启的一个新时代。

广播广告

广播，作为一种依托无线电波与金属导线为媒介的大众传播工具，以其独特的电波力量，跨越时空界限，向广大听众传递信息、供给服务并带来娱乐享受。无线电的发明可以归功于古列尔莫·马可尼

---

① 罗岗，顾铮. 视觉文化读本［M］桂林：广西师范大学出版社，2003.

② 利特约翰，福斯. 人类传播理［M］. 9 版. 史安斌，译. 北京：清华大学出版社，2009.

（Guglielmo Marconi），他在 1895 年成功地实现了跨越距离的无线电信号传输，并且在 1901 年成功地进行了横跨大西洋的无线电通信实验。无线电技术为广播的诞生提供了基础。1920 年，美国的 KDKA 电台（位于匹兹堡）进行了首次商业广播，播放美国总统选举的结果，这也是历史上第一次大规模的无线电广播，标志着无线电从通信工具转变为大众娱乐和信息传播的媒体。20 世纪 20 年代，广播技术迅速发展，越来越多的电台成立，播报内容也从新闻、天气预报逐渐扩展到音乐、戏剧、娱乐节目等多个方面，广播成为全球范围内重要的信息和娱乐传播方式。20 世纪中期，广播经历了进一步的创新，例如立体声广播、调频广播（FM 广播）等新技术的出现，使得广播的音质得到了大幅度提升。

霓虹灯广告

世界上第一支霓虹灯广告出现在法国巴黎，时间可以追溯到 1910 年前后，由法国人乔治·克劳德（Georges Claude）安装在巴黎皇宫上。德国人海因里希·盖斯勒（Heinrich Geissler）于 1887 年发明了"盖斯勒管"，也就是霓虹灯，霓虹灯广告因其绚丽的色彩和醒目的标识而被广泛应用。霓虹灯自 20 世纪 20 年代开始在美国流行，尤其是在 20 世纪 30 年代。洛杉矶在 1923 年引入第一块霓虹灯招牌后，霓虹灯就在各大城市迅速普及，尤其是在纽约的时代广场，这里成为霓虹灯广告的中心。1933 年芝加哥世博会以"一个世纪的进步（Century of Progress Exposition）"为主题，虽然霓虹灯不是世博会的主要亮点，但这一时期的美国正处于现代化和工业化的快速发展阶段，霓虹灯作为一种现代化的广告形式，被广泛应用。1926 年上海南京东路伊文思图书公司的橱窗内首次出现霓虹灯广告——英文版"皇家牌打印机"，此后，上海相继出现了更多的霓虹灯招牌和广告，成为南京东路上一道亮丽的风景线。

电视广告

1936 年 11 月 2 日，英国广播公司（BBC）在伦敦郊外的亚历山大宫开始了世界上首个定期的高定义电视播送服务，被认为是世界上第一家正式播出的电视台，标志着电视广播从实验阶段进入了定期服务阶段。最初，BBC 的电视信号覆盖了亚历山大宫周围 35 英里的范围，约有 2 万个家庭能够接收信号。尽管当时只有少数家庭能够负担得起电视机，但这也标志着电视成为家庭生活的一部分。1941 年，美国联邦通讯委员会（FFC）准许开办商业电视台，允许电视台播出广告，同年 7 月 1 日，联邦通讯委员会允许 18 家电视台开播。1941 年 7 月 1 日凌晨 2 点 29 分，纽约全国广播公司（NBC）旗下的 WNBC 电视台在棒球赛前播出了一条 10 秒钟的广告。画面中美国地图中央放置了一只宝路华手表，地图下方是广告语："America runs on bulova time（美国按宝路华时间运行）"，标志着电视广告时代的到来。报纸、杂志、广播、电视成为传媒业四大媒体。

回到现实生活中，如果留意研究，很多广告的存在都是从悠久的历史中承袭而来的，例如理发店门口红、白、蓝三色旋转灯，不仅仅是一个简单的理发店标志，它背后蕴藏着丰富的历史故事和文化象征。一种说法是理发店的旋转灯起源于中世纪的欧洲，在那个时代，理发师不仅负责剪发，还承担着放血等医疗服务。为了让顾客知道他们提供这些服务，理发师会将用过的绷带和血液展示在店外，这种做法虽然血腥，却是当时的一种广告方式。随着时间的推移，展示物品逐渐演变为具有象征性的旋转灯。红色代表动脉，蓝色代表静脉，而白色则象征着绷带，旋转的动作象征着血液流动，提醒顾客这家店仍然提供放血等服务。尽管现代理发店已经不再进行这些医疗操作，但旋转灯依然成为理发行业的标志。现代广告在形式和内容上虽然与历史有很大不同，但其核心目的——吸引顾客、传达信息——依然未变。旋转灯作为一种传统符号，不仅是对过去的一种纪念，更是对广告文化传承的一种体现。

第二节　互联网时代的广告重塑

进入 20 世纪后，新的广告媒介形式层出不穷。1946 年 2 月 14 日，世界上第一台由 18 000 多个电子管组成、体重达 30 多吨的计算机埃尼阿克（ENIAC）出生于美国宾夕法尼亚州。这台又大又笨重的机器对人类历史的发展产生了极其深远的影响。计算机和互联网的出现是 20 世纪最具影响力的技术革命之一，它们彻底改变了信息的存储、处理和传输方式，为人类社会带来了前所未有的进步。最初，计算机主要用于军事和科研领域，如运算弹道轨迹、破解密码和科学计算。早期的计算机庞大、昂贵，使用复杂，仅限于少数专业人士和大型机构使用。然而，随着电子技术进步，计算机体积逐渐缩小、成本降低，性能迅速得到提升。到 20 世纪 70 年代末和 80 年代，微处理器的出现推动了个人计算机（PC）的问世，计算机开始进入办公场所和家庭，逐渐成为日常生活中的重要工具，使信息存储和处理的效率得到了显著提升。

20 世纪 80 年代，个人计算机的普及改变了人们的工作和学习方式，而 20 世纪 90 年代互联网的开放则标志着一个信息传播的新时代正式到来。1991 年，万维网（world wide web）的出现让用户能够通过超链接访问全球范围内的信息，信息的获取和共享变得更加便捷。互联网不仅连接了全球信息，也连接了人与人之间的关系，使得人们无论身处何地，都可以进行即时沟通和协作。全球化的连接极大地改变了传统的通信和媒体传播模式。

随着互联网的迅速发展，电子邮件、网页浏览器和搜索引擎等工具也逐渐成熟，信息的查找和访问变得更加高效和便捷。浏览器让用户能够直观地访问网页内容，搜索引擎则帮助用户迅速定位海量信息中的相关内容，电子邮件取代了传统的书信和传真，成为企业和个人沟通的核心工具，许多新型的互联网服务和商业模式纷纷涌现，如电商、社交媒体和在线广告，推动了互联网从一个信息交流平台向多功能、多元化的商业生态系统演变。

如今只要我们有手机、平板或电脑，接入网络，广告便无处不在。世界上第一条网络广告出现在 1994 年 10 月 14 日，美国著名的《连线》（*Wired*）杂志推出了网站"热线（Hotwired）"（www. hotwired. com），在这个网站中首次打出了横幅广告，以黑色为背景，用彩色文字写着"你用鼠标点过这儿吗？你会的"。而后 T&T 等其他 14 个客户在其主页发布广告，同年 10 月 27 日，该网页上出现的 468×60 像素的 banner 位广告标志着网络广告诞生，这是广告史上里程碑式的跨越。随着技术逐渐成熟，网络广告逐渐衍生出更多形式。

横幅广告：又名"旗帜广告"，通称 banner 位广告。上文中提到的最早出现的网络广告形式就是横幅式广告，横幅广告从最早的静态到由 gif 或 flash 制作的动态，往往放置在页面的菜单栏下方最显眼处，视觉冲击力较强，广告效果也较好。

按钮广告：通常是一个可点击的图形元素，设计上类似于一个按钮，用户可以点击按钮来触发某种行为或活动。按钮广告的目的是吸引用户点击，从而达到广告主的目标，比如引导用户访问其他网站、下载应用程序、注册账户或购买商品等。但是按钮广告尺寸较小，只能展示极少的内容，需要浏览者点击才能进入详情页查看具体信息。

开屏广告（全屏广告）：指打开一个网页或者 App 时弹出来的广告画面，现在移动端开屏广告较多，一般展示 3~5 秒后自动关闭，进入网页或 App 画面。它们大多按 CPC（cost per click，按每次点击付费的广告计价方式，当用户点击某个平台上的 CPC 广告后，平台方就会获得相应的收入）方式计费。开屏广告和全屏广告的好处是可以针对性地投放目标用户使用的网站和 App，整屏显示更容易吸引用户眼球，增强品牌记忆。

电子邮件广告：解释电子邮件广告要先追溯到直邮广告。直邮广告（direct mail advertising，DM），指广告主将广告信息、产品和服务信息印刷成单页或连同试用商品一起以信件包裹形式直接邮寄给潜在客户的广告方式。直邮广告是以邮政网络为传播途径，以信函为载体，选择有针对性的目标客户群体寄发的函件业务，曾一度受家居用品广告主喜爱。线下传统的直邮广告起源于美国，互联网兴起后，直邮广告逐渐被电子邮件广告取代，广告主可直接将广告信息以电子邮件的形式发送到潜在客户的电子邮箱里，大大节约了时间和物质成本。

搜索引擎广告：一种基于关键词匹配和竞价排名的广告形式，旨在帮助广告主在搜索引擎上获得更高的曝光率和流量。优点是目标定位精准、流量稳定、数据分析内容丰富，缺点是竞争激烈、消费者容易产生广告疲劳或者被误导。例如每当我们打开百度搜索引擎时，输入搜索内容或搜索关键词，会得到许多结果，位于前列并标注"广告"字样的结果，就是广告主做了竞价排名。同样在页面右侧也会有一些相关的推广链接，也是搜索广告，例如输入"艺术留学"四个字，会得到各大艺术留学机构投放的搜索广告内容，每条广告后面标有蓝色"广告"字样。百度、搜狗、谷歌、搜狐等搜索平台的网站都有搜索广告。关键词购买这种搜索引擎商业模式于 1997 年由 GoTo.com（后更名为Overture）发明。2003 年，谷歌公司收购了该公司，凭借其技术优势迅速扩大市场份额；同期雅虎通过类似模式也占据重要地位，二者因此成为全球两大搜索引擎公司。而在中国市场，百度则凭借本土化运营占据最大市场份额[①]。搜索广告主要为了满足广大中小型企业用户的营销需求，能够提供良好的品牌曝光率，并实时监控数据增长。

富媒体广告：具有图形、动画、声音、视频和其他交互内容的广告，常见形式有流媒体、声音、flash、Java 等编程语言，在网页设计、电子邮件及其他各种广告中都有应用。尤其是基于互联网技术的成熟，多种媒体组合的广告形式，均被称作富媒体广告。1996 年 Red Sky Interactive 利用富媒体广告推广了一个名叫"Pong"的视频游戏，点击率

---

① 张毅莲. 广告赏析与批判 [M]. 厦门：厦门大学出版社，2016.

从 1.5%～2% 提升到 4%～8%。此后，各类富媒体广告不断在互联网上出现。1997 年，Suzanne Brisendine 在 Intel 公司的新媒介讨论大会上第一次提出了富媒体的概念，直至 2004 年，Eyeblaster 与新浪、网易等门户网站签订合作协议，富媒体产品才真正进入网民视野中。

原生广告：投放在某个平台嵌在用户浏览的内容之中的广告形式，自 2012 年被提出后便开始在媒体圈流行起来。原生广告可以分为"内容原生"和"形式原生"。内容原生广告内容本身与媒体平台的内容属性、调性、叙事逻辑高度一致，通过"内容形态的原生性"实现自然融入。形式原生广告的呈现形式（如界面布局、交互方式、视觉设计）与媒体平台的用户界面（UI）、功能模块趋向一致，通过"形式载体的原生性"降低用户感知壁垒。原生广告可谓像一条变色龙，在微信里是一条朋友圈的动态，在微博里是一条微博动态，在今日头条里是一条新闻资讯，在知乎里是一条回答，在百度贴吧里是一条帖子，在抖音里是一条短视频。创意内容的需求激发更多新型广告形式和玩法，在未来的营销环境中，尤其是 5G 和人工智能技术发展之下，原生广告将在用户的智能生活场景"广泛织网"。

新广播广告——声音广告和播客平台广告：流媒体、智能音箱和移动设备普及后，声音广告和播客广告正成为近年来增长最快的广告形式之一。声音广告凭借独特的声效吸引用户的注意，而播客广告则通过沉浸式内容体验，与听众建立深度情感联系。声音广告起源于广播广告，但如今已在流媒体平台（如 Spotify、Pandora）和智能音箱（如亚马逊 Alexa、谷歌 Home）的推动下得到快速发展。相比较于视觉广告，播客适合用户在忙碌或视线被占用的情境中播放，例如驾车、运动或做家务时，用户无须分心即可收听音频内容。数字流媒体平台借助数据分析和个性化推荐，基于用户的兴趣偏好、地理位置及行为记录精准地推送音频广告。例如，在用户收听某个音乐或节目时，平台可以自动插入相关广告，更加自然和流畅，如果不是特别长的广告，用户一般会选择继续听下去直到广告结束，而不是手动跳过。声音广告通过音效、背景音乐和人声的结合，强化了情感传递，为用户营造出沉浸式的听觉体验，特别是通过知名主播或名人配音，更能提升广告的吸引力和说服力。

播客平台广告近年来增长迅速，其内容深度和用户黏性使其逐渐成为品牌营销的新宠。播客平台的广告通常由主播直接录制或播报，主播的"亲口推荐"更容易赢得听众信任，影响他们的购买决策。播客听众通常具备较高的专注度，因此广告信息更易在用户中留下深刻印象。与快节奏的图文或视频广告不同，播客平台广告通过长时间接触建立持久的情感联系。播客内容涵盖新闻、娱乐、教育、健康等多个领域，品牌可以选择与自身理念契合的播客内容，精准触达目标受众。例如，一个健康食品品牌可以选择在健身或健康生活类播客中投放广告，形成自然的内容关联，增强广告效果。"声动早咖啡"是一档报道国内外商业动态的播客节目，每天早上7点更新一条，单条播客时长15分钟，主要听众是需要了解商业信息的职场人、商务人士、对商业感兴趣的大学生等。截至2023年4月，"声动早咖啡"全平台订阅人数达43.5万人，全平台播放量超900多万，合作过的品牌有星巴克（新品发布、口播广告推广夏日全新冰咖啡系列产品）、保时捷（定制节目讲述保时捷跑车911的商业故事）、科颜氏（高保湿面霜冠名）等。在声音媒体的不断发展下，品牌在声音广告和播客广告中的创新形式将愈加丰富，为未来的广告传播带来更多可能性。

网络视频广告：是指以数字视频为主要表现形式或是在视频内容中植入宣传内容，旨在通过视觉和听觉的双重刺激来吸引观众的注意力，进行品牌信息传递或者产品推广。传统的视频广告主要在传统媒体如电视、电影院进行投放，移动视频广告多在移动设备如手机、平板电脑进行投放。近年来，视频贴片广告、原生广告和创意短视频广告占据了大部分在线视频广告市场。视频贴片广告主要投放在腾讯视频、爱奇艺、芒果TV、优酷等网络视频平台上，具有能够确保准确到达、传达信息更丰富具体、与视频内容相结合的特点。平台以观看完整广告、付费会员可跳过广告、观看5秒可自行点击关闭广告等玩法不断探索新的互动方式，加深观众参与感以达到更深入的转化效果。片头的视频贴片广告时长从 30 秒到 5 分钟逐渐递增，不禁让人感叹又是回到了看电视广告的体验。

网络视频广告新形式——互动视频广告

在 2019 年京东 "11·11" 全球好物节期间，腾讯微视联合京东在线发起互动视频形式的短视频营销活动，邀请网友观看视频参加活动，互动视频广告由腾讯微视入驻明星出演，在视频中网友可以观看明星在工作时的日常，继而通过选择主会场的全场通用券和分会场的大额满减券两种券面来进入不同的剧情，在互动剧情推进中选择自己想要的优惠，并且领券后可以直接点击视频画面左下角购物车跳转到京东商城购买商品。腾讯微视凭借此条互动视频广告斩获 2020 年金狮国际广告影片奖的最佳竞争战略金奖、最佳品牌主金奖、最佳互动视频广告铜奖三项大奖。

互动视频是观众在观看时需要与内容通过点击等方式进行反馈交互并推动剧情发展的视频形式，互动是为了让观众更加沉浸于视频内容，鼓励观众探索更加个性化的剧情，从而在沉浸式的体验中与内容产生深刻的情感共鸣。互动不仅是内容体验不可或缺的一环，更是以内容为基础，自然流畅地融入其中，既不会打乱观看的节奏，也不会破坏沉浸式体验，更不会强迫观众进行不必要的互动，真正实现了内容与互动的和谐统一。

最早的互动视频是美国奈飞公司（Netflix）的《黑镜·潘达斯奈基》互动剧，观剧时观众可以通过选择 12 个不同的转折剧情影响最终结局走向，产生观众参与式的结局，但无论观众怎么选择，最终的几个结局都在设定之中。互动视频存在一定的时长问题，一部剧时长 90 分钟，若想看完全部分支剧情，需要 300 多分钟。国内哔哩哔哩网站（以下简称 "B 站"），基于强大的 ACG 用户群率先推出了互动视频，早期互动视频仅限于展示一些问卷测试类内容，即将问卷问题添加选择的交互按钮，准确来说应该定义在互动游戏类型，制作和内容并没有什么难度，却出人意料地成为 B 站互动内容的"先锋军"。

5G 网络和 AI 技术的普及，使得互动视频广告将更加智能化和便捷化，用户的互动体验也将更加流畅。互动视频广告更加关注个性化，可以利用大数据和人工智能分析每个用户的偏好，提供符合其需求的广告内容。此外，结合虚拟现实（VR）、增强现实（AR）等技术，互动视频广告有望带来更加沉浸、丰富的广告体验，成为品牌与消费者沟通的有力工具。

当网络时代到来，广告的形式逐渐趋向多样化、场景化和智能化，未来社会，广告将如空气一般浸润我们的生活。电视剧《上载新生》里描述了这样一幅画面，男主人公在车祸去世后借助虚拟现实和增强现实等先进技术，记忆生命在另一个虚拟世界中得以延续，而在这个环境中，支付的货币是网络数据流量，在游戏场景中设置的细节越多，加载时需要耗费的数据流量就越多。在这个虚拟世界中，无聊的推销广告有很多，这些广告不像现实生活中看到的只是出现在屏幕上的视频、音频或者图像广告，而是虚拟推销员带着商品站在人面前，可以花"钱""删除"这个推销员，而没"钱"的人只能做好时刻被这些推销人员叨扰的准备，未来，广告将以更加直观的、沉浸的形式"陪伴"在大众生活当中。

互联网广告作为信息时代的重要产物正在以前所未有的速度改变着广告行业的生态，其影响力崛起、技术创新、个性化与智能化、互动性与社交性、渠道多样化等特点使其在全球范围内蓬勃发展。

截至 2024 年 12 月，中国网民规模已达 11.08 亿人，互联网普及率达 78.6%，手机网民规模达 11.05 亿人，网络支付用户规模达 10.29 亿人，网络购物用户规模达 9.74 亿人①。中国互联网用户规模的扩大和互联网普及率的提升，为互联网广告的发展提供了广阔的市场空间和丰富的用户资源，推动了广告行业的创新和繁荣。随着互联网用户的多样化，广告形式也在不断创新，短视频、直播带货、社交媒体广告等新兴形式的兴起，为广告主提供了更多的营销渠道和方式。

第三节　动态发展的媒介融合

在信息技术迅猛发展的今天，媒介整合已成为各类媒体发展的必然趋势。随着数字化、网络化的深入推进，传统媒体与新兴媒体之间的界限愈加模糊，媒介整合不仅是技术的融合，更是内容、渠道和运营模式的全面升级，这一过程不仅影响了媒体行业的生态，也改变了人们获取信息的方式和习惯。

媒介融合（media convergence）指传统媒介形式、内容与技术在数字化基础上的整合与交叉。发展至今，现在的媒介融合包括技术融合、内容融合和组织融合三个主要层面，技术融合是以数字技术和互联网为基础，将传统广播电视、报纸杂志等媒介形式融入一个统一的平台；内容融合是多种媒介内容在同一个平台上呈现，形成了跨媒介、跨平台的传播方式；组织融合指媒介机构通过内部整合，实现资源共享、业务协同和效率提升。例如微信公众号同时具备文字、音频和视频功能，不仅整合了多种传播媒介，还实现了互动性和社交性的结合。媒介融合的本质在于跨界、连接与重塑，它不仅是媒介技术的创新，更是信息生态系统的一次深度重构。

媒介融合并非一蹴而就，其发展过程经历了多个阶段。20 世纪末，

---

① 中国互联网络信息中心. 中国互联网络信息中心在京发布第 55 次《中国互联网络发展状况统计报告》［EB/OL］.（2025-01-17）.https://cnnic.cn/n4/2025/0117/c208-11228.html.

互联网技术的兴起为媒介融合奠定了技术基础，传统媒介开始尝试数字化转型，如报纸推出电子版，广播电台增加在线流媒体服务，这一时期，媒介融合更多表现为单向的技术迁移，功能间的联通尚处于初步尝试阶段。进入 21 世纪后，网络平台如雨后春笋般涌现。以 Facebook 和 YouTube 为代表的社交与内容平台，将用户互动与内容分发结合起来，实现了信息传播的多点连接，传统媒体的独占性地位逐渐被打破，信息传播进入多元化和碎片化的时代。近十年来，大数据和人工智能的应用使媒介融合进入了智能化阶段，内容推荐算法的普及，推动了信息传播的个性化与精准化，今日头条和抖音凭借智能算法，为用户定制符合其兴趣偏好的内容流，显著优化了用户体验和增强了平台黏性。

迪士尼的全渠道整合传播

迪士尼作为全球最大的娱乐品牌之一，成功地将传统媒介（电影、电视）与数字媒介（流媒体、社交媒体）、线下媒介（主题乐园、商品零售）有机结合，构建了一个强大的跨媒介生态系统，媒介融合帮助迪士尼在不同渠道最大化内容价值。

1. 数字技术推动媒介融合

Disney+ 的全媒介生态：迪士尼于 2019 年推出流媒体平台 Disney+，整合了其电影、电视剧、纪录片等内容资源，为用户提供一站式服务。Disney+ 不仅是内容消费平台，也是数据采集工具，通过分析用户观影习惯优化推荐算法，精准推送内容并反向指导内容创作。

沉浸式体验技术的应用："星球大战：银河边缘"主题乐园将电影中的星际场景带入现实，游客可以通过互动装置与场景进行实时互动，延续电影的情感连接。在迪士尼主题公园中，通过 VR 和 AR 技术，为游客提供沉浸式体验。

2. 内容与媒介的多元融合

电影内容多平台分发：迪士尼的电影在影院上映后，会在 Disney+

流媒体平台独家上线，吸引观众订阅会员，同时通过传统电视网络［如美国广播公司（ABC）］进行播出，覆盖更多家庭用户。2021年上映的《黑寡妇》采取了"影院+流媒体"同步发行模式，通过Disney+付费点播拓展收入来源，同时利用社交媒体平台进行广泛宣传，覆盖不同年龄段的观众。

IP内容跨平台延展：迪士尼通过经典IP（如《星球大战》《漫威宇宙》《冰雪奇缘》）的多媒介呈现，将电影内容延展至电视、游戏、小说、主题公园、周边商品等多个领域。漫威系列电影的故事线在电影、剧集（如《洛基》《旺达幻视》）和动画短片中无缝延续，观众需要通过多平台观看才能获得完整连贯的剧情。

3. 跨渠道的品牌传播策略

社交媒体与用户生成内容（user-generated content，UGC）：迪士尼在社交媒体平台（如Instagram、Twitter、TikTok）上运营多个官方账号，通过发布幕后花絮、角色扮演挑战等内容与用户互动，提升品牌亲和力。官方也鼓励粉丝生成内容，例如电影《冰雪奇缘》主题曲《Let it go》的翻唱比赛在YouTube和短视频平台上大热，进一步扩大了电影的传播范围。

线下活动与线上推广的联动：在电影首映期间，迪士尼会同步举办主题活动（Cosplay比赛、限定商品发售），通过直播、短视频和热点话题将线下活动的热度转化为线上关注度。在电影《复仇者联盟4》上映期间，迪士尼与麦当劳合作推出限量主题套餐，并通过快闪店与社交媒体同步推广，形成全渠道整合传播。传统媒体与新兴媒体之间的合作愈加紧密，各类平台通过资源共享和优势互补，实现了更高效的传播。

媒介融合的动态发展得益于大数据与云计算、人工智能与算法推荐、5G与物联网等一系列关键技术的推动，这些技术不仅是媒介形态演变的基础，更是信息社会发展的核心引擎，对信息生态的重构、文化传播的多样化与全球化、经济模式的变革、社会治理与公共服务的优化等多个社会层面产生了深远的影响。随着人工智能、区块链、虚拟现实等技术的进一步成熟，媒介融合将继续向纵深发展。"媒介融合已经成为数字传播时代的现实和方向，其本身也出现两种截然相反的结果。一种结果是新的媒介技术使生产和发行成本大幅下降，媒介内容的传播范围也因此得以突破地域限制；另一种结果是媒介因此不断走向集中，少数大型媒介集团高度垄断信息的生产与消费市场。如何保持媒介融合的均衡发展，对任何现存的媒介都是个难题。一方面，媒介的高度集中必然导致文化政策和舆论多样性的减少，网络的自主性威胁到共同价值观与文化共同体的现存机制。另一方面，媒介融合还可能因媒介集中而导致媒介失控，因此会引起政府对媒介集团实行严加管制。"① 动态发展的媒介融合不仅是技术创新的结果，更是一场全方位的社会变革，它重新定义了信息传播的方式，塑造了新的文化与经济形态，同时对社会治理与公共服务产生了深远影响。随着全球化进程加快，媒介整合也呈现出国际化趋势，各国媒体通过跨国合作，共同应对信息传播中的挑战，实现文化交流与互鉴。在拥抱媒介融合带来机遇的同时，我们也须关注其中的挑战，通过技术进步与制度完善，推动其向更加开放、包容和可持续的方向发展。

第四节　自媒体时代到来

　　自媒体时代的到来，标志着信息传播方式发生根本变革。随着互联网技术的迅猛发展，个人和小型团队能够通过各种平台发布内容，成为信息的创造者和传播者。自媒体的崛起使得"人人都是媒体"的理念逐渐深入人心。数据显示，截至 2023 年年底，中国短视频账号总数已

---

① 郡书错. 数字未来：媒介融合与报业发展［M］. 北京：人民日报出版社，2013.

达 15.5 亿，职业网络主播数量超过 1 500 万[①]。自媒体的最大特点是信息传播主体的多元化和平民化，任何人都可以通过简单注册成为信息传播者，人人都有机会表达自己的观点和想法，打破了传统媒体的垄断，使得普通公民也能成为"记者"，参与到信息的生产与传播中，UGC 成为主流，专业媒体与个人创作者共存。

自媒体时代的信息传播方式极为多样，涵盖文字、图片、视频、音频等多种形式，用户可以根据自己的需求和创作风格选择合适的媒介进行表达。自媒体平台强调用户之间的互动，受众不再是被动的信息接收者，而是可以积极参与内容的创作和讨论，"弹幕""评论"的多向交流增强了信息传播的活跃度，使得公众能够更直接地表达意见，从而形成更为丰富的舆论场，平台技术（如算法推荐）弱化了传播层级，形成网状扩散结构。

人人都可以发声，信息便呈现出碎片化特征，内容不再经过严格筛选和加工，而是以较为简单、易于消费的形式呈现，自媒体创作者多来自社会底层，他们的信息具有较强的草根性，更容易引起大众共鸣，这种草根视角使得自媒体内容在某种程度上更具公信力，与此同时也容易培养一批"键盘侠"。在自媒体平台上，用户之间的互动不仅是信息交换，还包括情感共鸣和集体认同的构建，这种群体动力效应推动了"泛娱乐化"内容的扩散，使得某些创作者或者某些主体的内容能够迅速走红。实时直播、短图文、短视频适配快节奏信息消费，深度内容被解构为轻量化片段，注意力争夺进入了白热化。

"再小的个体，也有自己的品牌"，微信公众号是自媒体发展的一

---

① 根据《2024 年视频自媒体的新趋势和新价值》中的数据：截至 2023 年 12 月，在以网络视听业务为主的平台上，短视频账号总数达 15.5 亿个，职业网络主播数量已达 1 508 万人。其中，全网主要视听平台拥有 10 万粉丝的账号数量超 50 万个，拥有 100 万粉丝的账号数量约为 4 万个，拥有 1 000 万粉丝的账号数量约为 1 000 个。2023 年我国网络表演（直播）行业市场营收规模达 2 095 亿元，较 2022 年增长 5.15%，经营性互联网文化单位持证市场主体突破 15 000 家，2023 年增加近 5 000 家。参考网页：https://lmtw.com/mzw/content/detail/id/237850。

个重要代表。微信公众平台于 2012 年 8 月正式上线，依托微信已有的庞大用户基础（截至 2013 年用户超 3 亿），迅速成为企业、媒体和个人的重要运营工具，最初被定位为"官号平台"和"媒体平台"，后来演变为"公众平台"，微信开始支持个人和企业创建自己的媒体账号，进行一对多的信息传播。微信公众平台的推出标志着自媒体从博客、微博等早期形式向移动社交平台的迁移，用户可通过图文、语音等低门槛方式生产内容，初步实现"去中心化传播"。2013 年微信公众号分为服务号（面向企业）与订阅号（面向个人及组织），前者侧重功能服务（如招商银行信用卡客服），后者以内容推送为主，传统媒体如央视新闻、门户网站科技频道等率先入驻，通过图文推送探索新媒体传播模式。随着用户数量的激增，微信公众号数量迅速增长。根据智研咨询发布的数据，2017 年微信公众号数量已超过 2 000 万个，增长率达到 18.2%[①]。2017 年以后，微信公众号数量的激增导致内容竞争愈发激烈，许多微信公众号开始寻求差异化发展，专注于特定领域或采用独特的内容形式，以吸引和留住读者，到 2020 年后，自媒体内容质量和传播规范性成为关注焦点，微信团队加强了对自媒体的专项治理，发布了加强管理的公告，确保了平台内容的健康和规范。微信不断推动自媒体的创新，如利用小程序、直播等新技术手段，增加与用户的连接度……微信公众号的发展史是自媒体时代的缩影：从早期的技术赋权、内容扩张，到商业化成熟与品牌升级，每一步均体现了用户需求驱动与技术演进的共生关系。其成功不仅在于构建了"内容-社交-商业"的闭环生态，更在于重塑了信息传播的权力结构，使个体得以在数字世界中实现价值表达与经济收益的双重突破。

德国法兰克福学派的马克斯·霍克海默（Max Horkheimer）和西奥多·阿多诺（Theodor Adorno）在《启蒙辩证法：哲学断片》中批判文

---

① 智研咨询. 2017 年中国微信公众号发展现状及发展趋势分析［EB/OL］.（2018-07-06）.https：//www.chyxx.com/industry/201807/656197.html？utm_source＝chatgpt.com.

化生产已经成为一种工业化过程，文化产品被视作商品的批量生产和销售，强调标准化和机械复制，重点在于盈利而非艺术价值，"在今天，文化给一切事物贴上了同样的标签。电影、广播和杂志创造了一个系统，不仅各个部分之间能够取得一致，各个部分在整体上也能取得一致"①，这样的生产模式导致文化作品失去独特性和创造性，变成了迎合市场需求的消费品。在文化工业中，消费者不再是主动的参与者，而是被动接受者。阿多诺强调，这种异化使得大众在消费过程中丧失了批判意识和反抗能力，形成了一种"自我意识薄弱"的状态。人们被迫接受标准化、单一化的文化产品，而非享受丰富多样的文化体验。

自媒体平台如抖音、快手等，利用 UGC 进行大规模传播，这一过程体现了文化商品化的特征。阿多诺指出，文化产品在现代社会中被视为商品进行生产和交换，自媒体时代的内容创作也遵循这一逻辑。内容创作者为了迎合市场需求，往往制作标准化、迎合大众口味的视频和文章，导致文化产品缺乏独特性和深度。

"可以说新媒体技术特别是自媒体为'潜隐剧本'疏通了渠道，建立了平台，使得从属者能够以表达主体的身份进行灵活多样、充满智慧的表达。表达的内容与形式包括：文字、表情、段子、小说、诗歌、漫画、图片、音乐、视频……种类繁多，不胜枚举，甚至创造出独特的词汇。通过观察和思考互联网时代的'潜隐剧本'，我们不难意识到，它们不仅仅是发泄不满、表达异议，或者搞笑、恶搞、高级黑，而且是关涉每个网民、公民生态环境的重大问题。'恶搞'当然是无奈之举，是情绪的发泄，但它也是'弱者的武器'，是草根的表达方式。正因为他们不是强势者，也不掌握'公开剧本'，对他们而言，公开的、正当的、自由的表达渠道常常是封闭的。他们只能使用'弱者的武器'，创造'潜隐剧本'，进行曲折的表达。但不要小看了这类似乎是'杂音'

① 霍克海默，阿多诺. 启蒙辩证法：哲学断片 [M]. 渠敬东，曹卫东，译. 上海：上海人民出版社，2020.

'乱语'的方式，这需要表达者做出自主的选择：要么做沉默懦弱的羔羊，要么做'顽强勇敢'又聪明智慧的'蓝精灵'。"① 自媒体技术尤其是社交平台，为那些通常没有机会通过传统、公开的渠道表达自己的人提供了一个灵活、多样的表达方式。通过文字、表情、段子、漫画等形式，他们能够以"从属者"的身份进行反抗、发泄情绪、表达不满，甚至创造新词汇，从而突破权力结构和社会制度的束缚。我们看到的碎片化声音代表了那些表面上可能看起来是无害的娱乐、恶搞或者搞笑内容，但实际上是承载了反抗、异议或对社会现状的深刻思考。自媒体为这些"弱者"提供了一个渠道，能够通过这些"隐蔽"方式进行间接的抗议或表达意见，而这种表达方式具有一定的隐蔽性和巧妙性，使得他们在没有直接对抗的情况下，依然能够反映出对不公和压迫的反应。因此，自媒体不仅是一个娱乐工具，而且是社会批评和文化表达的重要平台。

025

---

① 斯科特. 支配与抵抗艺术：潜隐剧本［M］. 王佳鹏，译. 南京：南京大学出版社，2021.

第二章

数字技术驱动的广告创新

　　媒介与技术有重要关联，现代媒介广泛延长了符号距离。电气技术与电子技术对媒介的改造，形成人类文化的巨变。动物以及原始人类的符号行为，绝大部分只能是超短距的，人类五官的渠道中，触觉、嗅觉、味觉至今相当短程；听觉视觉相比以前只是稍微长程，当代的电子技术使呈现性媒介可以轻易地转化为记录性媒介，使通向人类五官的渠道得到延长。符号信息的发出、传送、接收，现在可以克服时空限制，越过巨大跨度的间距相隔，这是人类文化之所以成为符号文化的一个重要条件。被媒介技术改进了的渠道，保证了文化的表意行为能够被记录，被检验，保留给后世。

——摘自《符号学：原理与推演》①

---

① 赵毅衡. 符号学：原理与推演 ［M］. 南京：南京大学出版社，2016.

第一节　直播广告

直播广告的兴起离不开直播平台的快速发展。自 2015 年起，以虎牙、斗鱼、快手、抖音为代表的直播平台迅速崛起，并在短短几年内积累了庞大的用户基数。这些平台的成功吸引了大量的广告主和商家，推动了直播广告的广泛应用。平台通过技术手段提升了直播的质量，保证了流畅的观看体验，也为广告主提供了丰富的广告形式和投放方式。直播广告的发展与社交媒体的普及密不可分，抖音、快手等短视频平台的用户数量庞大，平台利用其强大的社交功能和算法推荐，将直播广告推送到目标用户的面前，这些平台不仅提供了直播广告的传播渠道，还通过社交互动的特点，让广告主能够更好地与消费者建立联系，扩大品牌影响力。5G、人工智能、大数据等新兴技术快速发展，让直播广告的传播效果和互动体验得到了显著提升，其中 5G 技术的普及使得直播广告可以实现高清、流畅的播放，观众在观看时不会因为网络问题而产生糟糕体验。人工智能和大数据的应用帮助平台分析用户行为，实现更加精准的广告投放，提升了广告的效果。

电商直播是直播广告最具代表性的一种形式。尤其是近年来，淘宝直播、京东直播等电商平台通过邀请知名主播进行产品推荐，引领了直播购物的潮流。这些电商直播不仅为品牌商提供了展示产品的机会，还为消费者提供了与主播互动的空间，形成了广告与购物的无缝衔接。通过与明星或网红的合作，电商直播迅速积累了大量粉丝，广告效果得到了显著提升。

2016 年直播带货初露苗头，淘宝正式推出"淘宝直播"平台，同年启动"BA 网红化项目"，京东和蘑菇街也上线直播功能。2017—2018 年，淘宝、快手、抖音正式开放直播带货功能，MCN 机构也在这两年快速崛起并开始向精细化运营发展，2019 年进入电商平台直播带货元年，行业进入爆发期。早期对于电商平台来说，直播的初衷是延长用户留存时间，而对于以快手、抖音为代表的短视频平台来说，除了依靠广告和打赏，坐拥巨大流量却很难变现，短视频和直播带货的出现，解决了流量变现这一难题。直播电商行业发展历经了五个阶段（见表2.1）。

表2.1　中国直播电商行业发展阶段

阶段	时间	主要特点
萌芽探索期	2016 年之前	技术基础与早期尝试：直播电商的雏形可追溯至 2005 年网络直播兴起初期，早期以游戏、秀场直播为主，尚未与电商深度融合。2016 年蘑菇街率先尝试"直播+电商"模式，淘宝、京东随后推出直播功能，开启行业探索。 内容形式单一：此阶段直播带货以产品展示为主，头部主播如张大奕通过淘宝直播首秀创下 2 000 万元成交额，初步验证商业潜力
快速成长期	2016—2019 年	平台竞争与专业化分工：淘宝直播、快手、抖音等平台加速布局，李佳琦等超级主播崛起，带动行业规模化发展。2018 年短视频平台入局，MCN 机构专业化运作，产业链分工明确。 模式创新与流量红利：通过"即时互动+低价促销"策略吸引用户，2017 年某头部主播单场直播销售额破 7 000 万元，行业进入爆发前夜
爆发与规范化期	2020—2021 年	疫情催化与市场爆发：新冠疫情推动"宅经济"，2020 年直播电商规模突破万亿，明星、线上直播等多元主体参与，成为企业线上转型的核心工具。 监管政策收紧：行业乱象（如虚假宣传、偷税漏税）频发，国家出台《网络直播营销管理办法（试行）》等文件，薇娅、雪梨等头部主播因税务问题被封禁，推动行业规范化

表 2.1(续)

阶段	时间	主要特点
成熟 与多元化期	2022—2024 年	内容与技术革新：直播电商从"低价促销"转向"内容驱动"，董宇辉的"知识带货"、董洁的"慢直播"等模式兴起，强调情感价值与用户陪伴。AI 数字人、VR 和 AR 技术应用提升沉浸感，降低运营成本。 品牌自播崛起：品牌店播占比超 50%，FILA 等通过自播实现单场破亿元销售额，平台流量扶持重心转向商家自运营
出海与产业 融合期	2025 年至今	全球化拓展：国内市场增速放缓，东南亚、欧美等新兴市场成为出海重点，商家需适应文化差异与本地化运营。 产业带深度融合：直播电商与实体产业带结合，通过数智化改造提升区域经济活力

直播电商从早期的流量红利驱动，逐步转向技术赋能、内容创新与产业协同的新阶段。自 2019 年起，直播功能已逐渐演化为电商平台的标配要素，各平台依据其独特的战略蓝图与投资规划，纷纷开展深度合作，实现了资源的强强联合。例如，抖音、快手及微博等热门社交平台，均内置了商品链接功能，直接将庞大的用户流量导向淘宝店铺，极大促进了交易转化。单是快手平台便可同时导流至淘宝、京东、拼多多等多个电商平台，无缝衔接购买流程。目前，"直播+电商"主要有三种模式：电商平台直接嵌入直播功能、直播平台通过商品链接/商品橱窗等跳转电商平台、以直播为主的内容电商平台。

1. 电商平台直接嵌入直播功能

这一类平台需要本身具有流量池，例如像淘宝、京东、拼多多这样的大平台，传统的商品链接详情页中包含图片和文字，展示内容有限，而现在加入了商品详情介绍视频，且店铺内可以随时直播，更全面、更真实且能实现实时互动，帮助消费者了解商品，提高转化率。美国视频电商 Joyus 的统计表明：通过优质视频来推广商品的转化率，会比传统图文展示的方式高出 5.15 倍；同时，其视频观看者购买商品的次数，是非产品视频观看者的 4.9 倍①。直播间将有购买意向的消费者聚集到一起，构建了一个"品牌+主播+消费者"高频度互动的消费场景，更容易刺激消费者购买。

2. 商品链接跳转至电商平台

抖音和快手短视频平台带货途径不外乎直播带货、私域导流、商品橱窗，商品链接是直播平台与电商平台之间的桥梁，点击商品橱窗里的商品可直接跳转至商品详情页和淘宝商品页面，商品链接的便捷性和直观性，使得消费者在观看直播的同时就能完成购物行为。其他几个平台亦是如此实现了短视频平台或是设计平台与电商平台之间导流的一键跳转功能，完成流量转化。

3. 以直播为主的内容电商平台

以直播为主的内容电商平台是当前电商行业的重要组成部分，它们通过直播形式进行商品展示和销售，为消费者提供了更加直观、生动的购物体验。抖音和快手是短视频和直播带货双赛道并行，而蘑菇街则专注"前播后厂"的直播带货模式。2011 年蘑菇街上线，2016 年蘑菇街与当时最大竞争对手美丽说战略融合，赶上了 2016 年直播大潮。蘑菇街可以说是国内第一批玩网红直播带货的电商平台。腾讯作为蘑菇街第一大股东，开启 QQ 空间信息流广告、微信朋友圈广告、视频号和小程序持续为蘑菇街引流。以直播为主的内容电商平台在当前电商行业中具有重要的地位和作用。随着未来技术不断进步和市场不断发展，这些平台将继续创新和完善，为消费者提供更加优质、便捷的购物体验。

直播广告发展得如火如荼，越来越多的品牌和商家加入其中，市场竞争日趋激烈。直播广告的运作模式主要有以下四种：

1. 主播带货模式

主播带货模式是目前直播广告中最常见的一种形式。在这种模式下，主播通过直播展示商品，介绍商品特点，并通过与观众的互动，激

---

① 王彤. 电商直播情境下消费者购买意愿研究［D］. 北京：中央民族大学，2020.

发他们的购买欲望。观众可以直接在直播间内进行购买，整个过程高度集成了广告、娱乐和购物的元素。这种模式的成功，离不开主播的个人魅力和其与粉丝的深厚关系。

2. 品牌联动模式

品牌联动模式是指多个品牌或商家联合在同一个直播平台上进行广告投放。在这种模式下，品牌商可以通过与知名主播或平台的合作，借助其影响力和粉丝基础，达到品牌曝光的目的。品牌联动模式通常会根据品牌定位和观众特点，选择合适的直播时段和内容，确保广告的精准传播。

3. 跨平台广告投放模式

跨平台广告投放模式要求广告主在不同平台之间进行精准的流量引导，确保广告内容能够在多个平台上得到有效传播。社交媒体平台逐日增多，头部平台的优势逐渐显现，越来越多的广告主选择在多个头部平台上同时进行广告投放。通过不同平台的互动与联动，广告主能够扩大广告的覆盖范围，提升广告的综合效果。

4. 社交电商模式

社交电商模式是将社交互动与电商平台结合的一种广告传播模式。在这种模式下，观众不仅可以观看直播广告，还可以通过社交分享、评论等方式与其他用户进行互动，进而影响他们的消费决策。社交电商模式通过用户的推荐和分享，实现了广告的二次传播和裂变效果。

美国百货商店之父约翰·沃纳梅克提出广告营销界的"哥德巴赫猜想"："我知道我的广告费有一半浪费了，但我不知道是哪一半。"即使处于大数据营销时代，广告公司带来的转化也很难去通过检测各个平台得出准确的统计。而更加注重品效合一的 MCN 机构在品牌曝光的基础上，跟媒介平台（微博、小红书、抖音、快手等）之间的合作，能够具体跟踪到每个平台导流和带货数据，看到每一笔费用带来的转化结果。在看不着的品牌效应和可计算的销量之间，一些商家选择了后者，当直播带货更加成熟时，它会变成商家广告宣传投放的一环，甚至品牌自播也会逐渐变成品牌商城里的标配。

直播广告作为数字技术驱动下的创新广告形式，已经深刻改变了广告行业生态，它通过实时互动、个性化推荐、情感化营销等特点，成功地吸引了大量消费者的关注，并为广告主带来了显著的营销效果。然而，随着市场竞争加剧，直播广告也面临着内容质量、用户隐私保护、市场饱和等挑战。技术进一步发展后，直播广告有望在更加创新的形式下继续拓展其市场空间。

直播行业的繁荣离不开百花齐放的 MCN 机构。MCN（multi-channel network）可以称作多频道网络，诞生于美国视频网站 YouTube 平台。自 2008 年起，Maker Studios、AwesomenessTV、Style Haul 等 MCN 巨头相继出现。2016 年国内短视频行业 MCN 机构萌芽，随后 MCN 产业在中国发展壮大，其间经历了一个较为漫长的过程。作为内容生产者和媒介平台中间的纽带，MCN 机构本身不从事内容生产，而是扶持和聚集一批具有内容生产能力的创作者，帮助营销和推广创作者或作品。品牌方或厂商通过对接电商平台和 MCN 机构，确定直播内容方案，并在直播平台进行内容输出，最终引导消费者在电商平台实现变现转化。

MCN 概念从海外引入，国内 MCN 发展基本可以划分为四个主要阶段：萌芽期（2012—2013 年）、发展期（2014—2016 年）、爆发期（2017—2020 年）和洗牌期（2021 年至今）。

国内短视频平台（如快手）和社交媒体（如微博、微信）初步探索生态商业化，机构开始布局内容创作者与平台资源对接，2012 年国内首批 MCN 机构萌芽，主要服务于社交平台的流量分发需求，此时 MCN 机构业务以专业生产内容（PGC）为主，尚未形成规模化商业模式。短视频行业崛起后，资本涌入推动内容创业浪潮，MCN 机构尝试多元变现模式（如电商、知识付费），从单一账号运营转向多账号矩阵孵化，如垂直领域账号集群。短视频平台（如抖音、快手）也推出流量扶持政策，吸引传统直播公会转型 MCN 机构，一部分短视频平台全面转向 MCN 模式，施行平台补贴政策（如抖音"内容补贴"）推动机构数量激增。头部机构得到规模化发展，传统媒体与影视公司跨界入局，在内容制作技术加持下行业竞争加剧，马太效应显现。到了 2021 年，流量红利消退，行业进入降本增效阶段，机构探索第二增长曲线（如整合营销、自建品牌、出海业务），从依赖广告和电商转向短剧、本地生活服务、虚拟数字人等新赛道，野蛮发展过后政策监管逐渐强化，政府发布了《网络直播营销管理办法（试行）》，打击虚假宣传、偷税漏税等乱象，平台的内容合规成为重点。

在我国，以下 MCN 机构在内容创作、网红孵化、品牌营销等方面具有显著的影响力：无忧传媒、交个朋友、遥望科技、大禹网络、蜂群文化、青藤文化、古麦嘉禾、Papitube、洋葱视频、新片场等。这些机构主要集中在北京、上海等一线和新一线城市。

MCN 机构变现之路主要根据服务对象分为两端，针对 B 端的有商业合作、平台补贴、流量分成、广告营销和 IP 授权；针对 C 端的有衍生品销售、红人电商、直播打赏、内容电商和知识付费。例如成立于 2016 年的无忧传媒，作为一家专业的互联网型经纪公司，在直播、短视频和电商等多领域均具有广泛影响力，是中国演出行业协会常务理事单位。公司签约主播达人超过 10 万人，其中签全约的优质艺人超 5 000 人，全平台粉丝总量超 20 亿。公司业务主要根据"三个 IP"——人的 IP、内容 IP 和商品 IP，划分为"众多达人主播、明星名人和全网现象级红人管理""无忧短视频内容商业化"和"电商及店铺代运营"三类。

在短视频和直播带货领域，MCN 机构的异军突起无疑为传统广告公司带来了前所未有的竞争挑战。凭借其卓越的内容创作力与高效的流量变现机制，MCN 机构成功吸引了众多知名品牌与商家的瞩目。与广告公司侧重于创意团队组建、媒介资源掌握及客户资源累积的传统模式不同，MCN 机构的核心竞争力在于其精心签约、悉心培养并高效运营的内容创作者群体。通过构建多渠道网络，MCN 机构实现了内容的广泛分发与深度商业化运营，其核心聚焦于内容创作者与粉丝经济的紧密结合，以此为基础，通过打造独特的 IP 形象，实现了商业价值的最大化。

当前，MCN 机构与广告公司之间的业务交集日益增多，两者的业务边界正逐渐模糊，呈现出相互渗透与融合的趋势。然而，从市场定位的综合考量出发，短期内 MCN 机构尚难以全面取代广告公司在行业中的稳固地位。面对 5G 技术的革新应用与市场营销领域不断涌现的新需求，MCN 机构需持续调整其业务经营模式，充分发挥自身在内容创新与粉丝运营方面的独特优势，以期在激烈的市场竞争中实现稳健而长远的发展。

第二节　短视频广告

移动互联网和多媒体技术飞速发展，短视频平台已成为数字营销的重要阵地。从抖音、快手到海外的 TikTok，短视频平台凭借其强黏性用户基础和强互动性，吸引了大量广告主的目光。短视频广告作为一种新兴的广告形式，已在数字营销领域占据重要地位。依托移动互联网、算法推荐和多媒体融合技术，短视频广告以简洁、生动和高效的特点迅速崛起，成为品牌推广和内容传播的新宠。

短视频广告指在短视频平台上发布的，以视频内容为核心传播媒介，长度通常为 5~60 秒的广告形式，迎合了用户碎片化的消费习惯。广告以短小精悍的形式植入，能够在用户注意力有限的情况下快速传递信息。短视频平台的全屏呈现方式使用户获得高度沉浸的观看体验。同时，通过点赞、评论、分享和参与挑战等互动机制，广告可以实现用户的主动传播。平台依托大数据和人工智能技术，基于用户兴趣、行为习惯和地理位置等数据，为广告主提供精准投放服务，大幅提升广告的转化效率。

超级网红 papi 酱的视频以幽默吐槽为主要特征，常常以生活中的细节、社会热点和普遍现象为切入点，用夸张的表演和精辟的语言揭示问题本质，直击观众内心，papi 酱的语言生动且带有个人特色，擅长结合流行语、网络热词创造笑点，同时用轻松的语气触及更深刻的社会问题。视频时长通常控制在 3~5 分钟，节奏快、内容密集，能迅速抓住观众注意力，剪辑风格利落，语言犀利直接，没有冗长铺垫，紧扣主题。papi 酱最初主要通过广告盈利。在她早期的"贴片广告竞标"中，一条广告拍出了 2 200 万元的高价，这不仅证明了她流量的商业价值，也开创了短视频内容变现的先例。随着平台生态的发展，papi 酱逐渐尝试内容电商，通过短视频和直播销售相关产品。同时，她凭借个人 IP，参与品牌合作，例如代言和联名推广，进一步提升收入来源。papi 酱团队成立了一个 MCN 机构——Papitube，孵化和运营其他内容创作者，这种商业模式让 papi 酱从单一的创作者转变为平台型运营者，短视频内容通过抖音、微博、B 站等多个平台分发，扩展了受众范围，提升了广告和其他收入的可能性。papi 酱的成功得益于她独特的视频风格和高质量的内容创作能力，这使她成为短视频时代的标杆型创作者。在商业模式上，她通过广告、内容电商和 MCN 机构实现了多元化变现，进一步提升了账号的商业价值，而她的文化影响力和社会责任感又为其个人 IP 赋予了更深远的意义。我们可以从这一案例看到一个短视频账号的崛起和变现乃至建立生态的全过程。

"艺术菜花"短视频账号以独特的艺术美学和创意风格在广告植入方面表现出色，与多个奢侈品品牌和消费品进行了合作。制作团队通过演绎经典艺术作品或借用艺术风格创作具有现代幽默感的短视频内容，使得传统艺术变得更加亲民且有趣。内容形式常涉及画作模仿、雕塑拟人、装置表演等，将高雅艺术与生活化幽默相结合，营造反差感和戏剧效果。内容短小精悍（1~2 分钟），非常适合现代快节奏用户的观看需求，通过日常场景与艺术作品的联动，降低了高雅艺术的门槛，增强了观众的代入感。圣罗兰（Yves Sanit Laurent，YSL）推出自由之水（Libre）香水，旨在传递自由、女性力量与优雅的品牌理念，品牌希望通过创意表达强化作为一款奢侈香水的高端定位。因此，由"艺术菜花"制作的宣传短视频整体以经典油画的视觉风格呈现，采用了充满质感的画面构图和柔和的光影效果，营造出复古且高级的氛围。内容以嗅觉为灵感，通过画面表达香水的"气味特质"，香水作为贯穿情节的核心道具，象征自由的女性在生活中追求独立与自我表达的力量，暖色调的镜头配合花香和木质香调的描述，传递香水的浪漫与力量感。视频中结合了圣罗兰品牌的调性，通过精美的造型和服装设计突出了奢侈品品牌的时尚元素，文案呼应品牌理念——"自由不仅是选择的权利，更是做自己的勇气"，强化了品牌形象。视频在各大平台收获高点赞量和热评，观众对视频的创意和美学表现给予高度评价，表示"从艺术菜花的作品中重新理解了香水的意义"。相比于传统硬广，这种"内容即广告"的形式更易被观众接受，同时避免了过于直白的商业信息干扰。

此外，每个品牌也会在官方的账号发布短视频，作为日常运营的一部分，以维持用户黏性并强化品牌形象，这些短视频内容是品牌自我表达的一种方式，更是连接消费者、培养长期关系的重要手段。短视频广告以其灵活多样的形式和强大的用户吸引力成为品牌传播的重要手段，从原生广告到品牌挑战赛，再到信息流与直播广告，广告形式的创新为品牌提供了更多触达消费者的路径。

第三节　互动装置广告

互动装置广告（interactive installation advertising）是一种结合物理装置与数字技术，通过用户的参与行为与广告内容产生互动的广告形式。它通常借助科技手段（如传感器、触摸屏、投影、AR/VR、AI 等）打造沉浸式的广告体验，在商场零售空间、发布会、户外广场、公园或特定活动中展示品牌信息，互动形式包括触摸屏互动、体感互动、动态投影互动、智能语音交互等，这种广告形式不仅吸引眼球，还能通过互动行为增强用户与品牌之间的情感连接和记忆点，为品牌传播提供创意而有效的方式。

德国公益组织 Misereor 推出了互动广告项目"Social Swipe"，广告中使用了一块创新的互动屏幕，展示两种情境：一块面包和捆绑的双手。用户可以刷信用卡捐赠两欧元，当卡划过屏幕时，面包切片或绳索被割断，直接可视化用户的捐赠行动对饥饿儿童或贫困人群的帮助。这种广告结合了互动装置与即时反馈，增强了参与者的情感共鸣和行为动机，同时有效提升了公益传播的影响力。另一个类似的互动广告是由联合国儿童基金会（UNICEF）推出的"Tap Project"，该项目的核心是一台互动屏幕广告牌，鼓励人们为缺水地区捐赠。用户通过简单的触摸或扫码支付少量金额即可"解锁"屏幕上的虚拟水流，这象征他们的捐赠为需要的人提供了清洁水源。这一类互动广告利用了实时反馈机制，让捐赠者能够立即看到自己捐助行动的影响，增强情感参与，同时结合公共空间的互动装置提升了公益广告的趣味性和传播效果。

2022 年，赛百味（SUBWAY）在英国西田购物中心推出了一款 3D 互动广告屏，用户可以通过屏幕的指引选择面包类型、添加各种配料和酱料来搭建"理想的三明治"。整个过程通过流畅的交互设计和逼真的 3D 视觉效果展现，最终生成的三明治甚至可以同步生成优惠券，供用户到店使用。购物中心的人流量较大，互动广告通过趣味性吸引了更多路人参与。消费者完成定制三明治后，往往会拍照或分享独特的创作，提升广告的二次传播效果，生成的优惠券为广告提供直接的销售转化渠道，连接了用户兴趣与实际购买行为。赛百味的这条广告通过互动体验、视觉冲击和实际转化的结合，为快餐行业提供了一个优秀的数字营销案例——不仅提高了品牌曝光，还通过趣味性互动增强了用户黏性，增多了实际消费行为，成功实现了品牌传播与商业回报的双赢。

互动装置广告以科技和创意为驱动，突破传统广告的静态形式，为用户带来趣味性、沉浸性和高度参与感的品牌传播体验。尽管成本较高，但其创新性和传播效应为品牌带来了高价值的广告回报。但对于中小品牌来说，这伴随着高投入和技术风险，因此在选择互动广告时，须结合品牌目标和用户群体，权衡创意展示与成本效益。

第四节　元宇宙广告

2021 年 10 月 28 日 Facebook 的 CEO 扎克伯格发布视频宣布将公司名字改为"Meta"，进军元宇宙。视频中扎克伯格坚信元宇宙是"具身的互联网"。在构想的元宇宙世界中，人们将获得极强的临场感，即便和他人相处千里之外，也能感到近在咫尺的相处，还能够以崭新、活泼且全然身临其境的方式展现自我。

"元宇宙"一词源于 1992 年美国著名科幻小说家尼奥·斯蒂文森（Neal Stephenson）撰写的科幻小说《雪崩》，小说中斯蒂芬森创造了一个名为"虚拟实境"（"元宇宙"）的概念，这是一个与现实世界平行的数字虚拟三维空间，人们可以通过各自的"化身"在其中进行交流娱乐。小说中的主人公 Hiro 是一名黑客，也是比萨外卖员，他进入到了一个平行于现实的网络空间。《雪崩》不仅是一部科幻小说，也融入了历史、人类学、语言学、考古学、宗教、计算机、政治、哲学和地理等多个领域的知识，探讨了科技、社会、文化和人类行为之间的复杂关系，以及未来世界可能面临的挑战和机遇。

除了《雪崩》，威廉·吉布森的《神经漫游者》、道格拉斯·亚当斯的《银河系漫游指南》、阿道司·赫胥黎的《美丽新世界》、奥森·斯科特·卡德的《安德的游戏》、莱茵·戈德的《虚拟社群》等小说中也曾提到过元宇宙的概念，小说中展示的"超元域"对后来的电影和游戏设计产生了深远的影响，美国不少科幻片的灵感都来源于这些科幻小说，大火的《头号玩家》《黑客帝国》《盗梦空间》《银翼杀手》皆是受到启发。而如今，这些曾经出现在文本和画面中的"想象"，逐渐在真实世界中得以实现。

Facebook 更名为 "Meta" 一周后，迅速推出了首支品牌视频广告。故事发生在一家博物馆里，一群艺术生正在欣赏法国艺术家亨利·卢梭的作品《老虎与水牛的搏斗》，在学生凑近观察时，作品从 2D 平面变成了 3D 世界，画面里的老虎、水牛、火烈鸟、蛇等都开始伴随着音乐的节奏起舞，学生们也身临其境，大家仿佛置身在同一个世界当中。画面中老虎抬起头说："这是梦想的维度。"影片结尾出现广告词"This is going to be fun"，最后同时露出 Facebook、Instagram、WhatsApp 和 Messenger 一系列产品的标志融合为新的 "Meta" 商标。此外，Meta 公司已经推出 "Horizon" 平台，用户可以在这个平台装饰自己的家，这个家主要是用户的工作和娱乐空间，戴上 VR 头盔就能置身其中，可以邀请其他用户来做客，实现了虚拟空间的社交功能。

Epic Games 公司围绕《堡垒之夜》游戏搭建了早期的元宇宙体系，玩家可以进行私人定制，增强在游戏中的互动。美国说唱巨星特拉维斯·斯科特（Travis Scott）曾在《堡垒职业》举办线上演唱会，吸引了 1 000 多万玩家在线观看。

Roblox 是世界上最大的多人在线创作游戏，也是目前最接近元宇宙的平台，截至 2019 年，已有超过 500 万的青少年开发者使用 Roblox 开发 3D、VR 等数字内容，Roblox 拥有 4 320 万日活跃用户，年龄从 6 岁到 30 岁，2021 年第二季度的用户在线时间为 97 亿小时，时装品牌古驰（Gucci）甚至都在 Roblox 上推出了新款秀活动。Roblox 还出售虚拟货币，玩家可以使用这些虚拟货币去购买游戏、体验、内容和虚拟商品。

微软在 2022 年 1 月 18 日晚宣布以每股 95 美元的价格收购游戏公司 "暴雪"，创造微软的元宇宙游戏世界。早在之前，微软就开始了元宇宙战略布局，推出了一套新的元宇宙工具，使用户能够创建自己的 AI 化身，创建虚拟工作室和参与虚拟会议——例如，在虚拟会议中，与会者通过 Microsoft Dynamics 365 Connected Space 可以即时虚拟访问工厂车间或零售店，与工人或店员交谈，试用产品、感受环境、查找问题、增进理解。目前，微软推出的"Mesh"平台结合虚拟现实和增强现实技术，希望打造一个跨设备的虚拟工作和社交平台。Mesh 平台允许用户通过 VR 头盔、AR 眼镜或 PC 端参与虚拟会议或工作坊，支持虚拟人物的实时互动，并实现跨平台的无缝协作。目前，微软重新致力于把工业元宇宙纳入"Microsoft AI Cloud Partner Program"项目，至今在微软的宣传页面可以见到的是微软在大力发展人工智能，加大 AI 在工业元宇宙方面的应用与拓展。在"Microsoft Ignite2023"全球开发者大会的开幕式主题演讲中，微软首席执行官萨蒂亚·纳德拉表示："当这两种技术（AI/MR）结合在一起时，其力量令人惊叹。目前，预览版已部署在 Siemens Energy、Chevron 等公司，看到这种力量日益壮大，我坚信在未来几年它会变得更加强大。"①

元宇宙作为一个"数字孪生"的世界，寄托了人们对美好世界的想象，未来将和真实世界并行，成为生活中的常态。从真实世界到虚拟世界，品牌广告之间的竞争仍然是对用户注意力的争夺。

当用户大量涌入元宇宙世界后，创建与现实世界中相关的营销体验成为广告新的挑战。百威英博的啤酒品牌 Stella Artois 在 2021 年 6 月与 Zed Run 合作，提供了一种与肯塔基赛马比赛相结合的电子宠物体验，之所以这样设计是因为品牌热衷于赞助赛马体育赛事，所以选择创造一个在线平台，这个平台中的马作为货币被交易、比赛和繁殖。

视频游戏广告技术公司 Bidstack 将现实世界投放的户外广告"搬到"一些游戏中，游戏开发者将广告无缝设计到游戏当中，广告代理商制作引人入胜的广告，在游戏中传递品牌信息，既能开拓新的收入来源，又能使用实时数据衡量营销活动的成功。哪些环境投放广告的效果最好？Bidstack 选取了体育场、赛车场和开放世界游戏赛事环境。在 PC、VR 和手机游戏的体育场比赛中，广告通常会展示在球场边的围板

---

① 资料来源：微软官网，https://aiotlabs.microsoft.com/zh/programs/industrial-metaverse-co-innovation。

或出现在动作周围的 LED 灯板上，这些广告可以是静态的也可以是动画，例如投放到体育场环境中的广告可以从静态横幅到能传达更复杂的品牌信息的 8 秒动画。在广告不影响性能的情况下，Bidstack 将广告投放到高保真、AAA 赛车游戏和手机游戏中，赛车环境的广告通常是静态的，出现在赛道旁的围板、比赛的起点线、比赛的终点线以及每场比赛的旗帜和横幅上。开放的游戏世界中，广告会出现在虚拟世界中的城市景观之中，如虚拟的广告牌、品牌车辆、建筑物和其他物体的表面。开放的游戏世界中广告的形式更加灵活，但创意则受实际场景和游戏类型限制。

人们在元宇宙世界中可以自由选择自己的身份，与他人社交，使用虚拟货币进行交易。当然，这一切要想获得自然流畅的沉浸式体验感，亟须解决的还是技术问题。在 Web 2.0 向 Web 3.0 跨越的进程中，支持元宇宙这一虚拟 3D 世界的打造，离不开虚拟现实、增强现实、FRID、GPS、LBS 等技术。在 2018 年虚拟现实曾经是科技风口，但这把火并没有持续燃烧很久，最主要的原因还是用户不买单，多数用户表示在戴上虚拟眼镜后生理上会产生眩晕恶心。除了用户生理不适，虚拟现实设备还存在价格昂贵、续航时间短、设备兼容性差、使用不便携等缺点，这些缺点直到今天虽然有了改善，但仍然没有完全得到解决。在资本狂热推动下，元宇宙的兴起不仅揭示了科技应用的商业潜力，更是对现有科技发展水平的一次全面检验。行业分析指出，元宇宙的成熟运作需要 6G 及以上网络的技术支撑，而根据通信技术发展周期预测，6G 网络有望在 2030 年前后进入商用阶段。再观人工智能和计算机的数据计算能力，无论是硬件还是软件，元宇宙都有很长的路要走。

元宇宙本质上追求沉浸式的感知体验，Bidstack 的广告投放方式则是为广告和营销计划提供了沉浸式的空间展示，提供了用户可以与之互动的品牌装置和活动，而不仅仅是将广告放置在游戏当中。传统的广告形式，如电视广告、户外广告等，将在元宇宙中得到全新的诠释和升级。广告将不再仅仅是信息的传递，而是成为一种沉浸式的体验，让受众在互动和参与中感受到品牌的价值。这种变化将推动广告行业向更加个性化、精准化的方向发展，形成全新的广告生态。

在元宇宙中，品牌可以创建自己的虚拟空间，与消费者进行面对面的互动，提供个性化的服务和体验。这种沉浸式的营销方式将极大地提升消费者的参与度和忠诚度，为品牌带来更大的商业价值。同时，元宇宙也为营销提供了更多的创意空间和技术手段，让营销变得更加有趣和富有挑战性。

奢侈品牌古驰（Gucci）在 Roblox 平台上推出了"Gucci Garden"虚拟体验，玩家可以在这个虚拟空间中探索 Gucci 的品牌历史和标志性设计，甚至可以购买和佩戴 Gucci 的虚拟时尚单品。活动推出后，引发了玩家的热烈讨论，一些限量虚拟单品的价格甚至高于实物价格。Gucci 通过虚拟空间展示了品牌的历史和价值观，拉近了年轻一代消费者与奢侈品牌的距离，同时验证了奢侈品在虚拟空间的高接受度。元宇宙中的虚拟单品赋予用户独特的个性化表达方式，吸引了对品牌认同感强的年轻消费者，Roblox 用户通过交流和炫耀虚拟单品，拓展了品牌的传播范围，增加了品牌的社交属性。

耐克在 Roblox 上推出了"NIKELAND"虚拟世界，玩家可以在这里参与不同的运动挑战，购买虚拟的 Nike 服饰，并与好友互动。同时，"NIKELAND"结合现实增强功能（AR），用户可以将真实的运动姿势和动作同步到虚拟世界中，增加了互动的趣味性。Roblox 的用户主要是年轻群体，耐克通过"NIKELAND"与年轻人建立联系，增强了品牌在这一群体中的影响力。

奢侈品牌巴黎世家（Balenciaga）与游戏 Fortnite 合作推出了虚拟服饰，玩家可以在游戏中购买 Balenciaga 的虚拟装备。同时，品牌还在线下门店推出与游戏相关的实物产品，实现了虚拟与现实的双向互动。通过线上虚拟商品和线下实物商品的联动，Balenciaga 实现了虚拟空间对现实消费的反哺，增强了品牌的体验感。

元宇宙平台中的虚拟单品、定制化功能等满足了年轻用户的个性化需求，同时社交互动加深了用户对品牌的认同。通过限量版虚拟单品和NFT 等方式，品牌激发了消费者的收藏欲望，提升了品牌的独特性和数字资产的价值，对于品牌来说，尝鲜新技术的同时，也要找到适当的结合方式，避免传达出错误的品牌信息和带来生硬的消费体验。但对于广告人和营销人员来说，元宇宙的出现将是一个新的挑战，他们需要熟悉新的技术环境，制定打破传统的营销策略，尝试在未来空间形成新的广告形态。元宇宙广告为品牌创造了无限的创意空间，也提供了新的用户互动形式，未来，品牌在虚拟世界中的表现将更加多样化、个性化，为消费者带来前所未有的体验。

　　"人类必将跨越现实世界与虚拟世界的边界，必将摆脱物理定律的阻碍，以数字形态实现某种程度的'永生'——这个愿景是值得我们相信的。但是，道路还很遥远、很漫长。这种'永生'形态，是不是我们当前讨论的元宇宙？可能是，也可能不是。就算元宇宙能实现，我们现在恐怕才刚刚站在起点处，可以说尚未起跑。"[①] 元宇宙作为一个融合虚拟现实、增强现实、区块链技术和人工智能的创新空间，未来有望彻底改变我们的数字互动方式、社交形态和工作生活模式。随着硬件设备的不断进步和技术的持续突破，元宇宙将越来越接近现实生活，不仅为用户提供沉浸式体验，还能打破物理和地理的限制，促进跨领域的合作与创新。从娱乐、教育到商业、医疗，元宇宙的潜力将扩展到各个行业，尤其是在社交、数字经济和虚拟资产领域，提供全新的商业模式和机会。尽管如此，元宇宙的普及还面临技术、安全、隐私等多方面的挑战，但随着全球技术和政策框架的逐步完善，元宇宙有望成为下一代互联网的核心组成部分，带来更加智能、互联和去中心化的未来世界。

043

---

　　① 裴培，高博文. 元宇宙：人类空间移民的想象力革命 [M]. 长沙：湖南文艺出版社，2022.

第五节　虚拟偶像广告

2021 年 10 月 31 日，抖音上一个名叫"柳夜熙"的新账号发布了第一条抖音视频，这条视频将美妆与鬼怪题材结合，推出了虚拟人博主"柳夜熙"，视频点赞量超过 350 万，抖音话题"#挑战柳夜熙仿妆"高达 5.4 亿播放量。虽然时隔两个半月，账号只发布了 6 条视频，但截至 2022 年 1 月已经有 835.5 万粉丝关注，获赞 2 087.7 万。截至 2025 年 3 月，该账号粉丝数量减少至 754.2 万，获赞 4 629.2 万。已经活跃多年的虚拟偶像"初音未来"在二次元圈层拥有一大批粉丝，而柳夜熙的出现使得虚拟偶像在一夜间成为热门。柳夜熙的受众主要集中在 Z 世代（1995—2009 年出生的人），他们对二次元文化、国风元素以及高科技虚拟内容有着较高的接受度。从近四年该账号的内容来看，柳夜熙抖音账号并不是单纯地展示虚拟人的形象，而是通过叙事构建了一个完整的世界观：

国风+赛博朋克风格：柳夜熙的形象融合了传统中国文化（古风妆造等）与未来科技（机械义眼、AI 能力）。

短视频叙事驱动：不同于传统的网红或者虚拟偶像，柳夜熙通过系列短剧展开剧情，吸引观众持续关注。首条视频就营造了神秘感和屏幕视觉上的沉浸式体验。

互动式剧情发展：观众可以通过评论和投票影响故事走向，增强了用户的参与感和忠诚度。

柳夜熙的成功是技术、内容、市场定位多方结合的结果。它不仅代表了虚拟偶像的创新模式，也展示了"虚拟人+短视频"在内容营销上的巨大潜力。其实，早在柳夜熙出现之前，抖音已经存在多位虚拟博主，如"阿喜 Angie""AYAYI""野原小葵""ASOUL"等。

虚拟偶像，是通过绘画、动画、CG 等形式制作，在因特网等虚拟场景或现实场景进行偶像活动的人物形象。其特点在于，虽然它们以非实体的形式存在，但能够参与如歌手活动等商业、文化活动，并通过专辑、MV、写真集等方式与粉丝互动。虚拟偶像可以与电视剧、电影、音乐、游戏等不同的娱乐产业形成有机的合作关系，进一步打造出更为完整的 IP 生态链。这种跨界合作不仅拓宽了虚拟偶像的受众范围，也为其带来了更多的商业机会。

虚拟偶像产业链的上游涵盖技术研发（如科大讯飞、百度 AI 数字人）、IP 设计（如魔珐科技），中游包括内容投放平台（B 站、抖音）和运营公司（字节跳动旗下 A-SOUL），下游涉及衍生品开发（手办、周边）和商业变现（广告、演出），整个行业较快地形成了完整的产业链。

作为数字技术与人类情感连接的产物，虚拟偶像不仅展现出强大的吸粉能力，还极大地改变了品牌与消费者的互动方式。虚拟偶像主要依赖于 CG 技术和语音合成、引擎技术的崛起，这些技术让虚拟偶像更加仿真地出现在人们面前，与人们互动。与真人偶像相比，虚拟偶像背后有专业团队运营，可以按照编好的脚本立住人设，不会"塌房"。媒介代理公司凯络中国的 Social 团队接受界面新闻采访时说：在社交网络时代，大众对于明星、品牌的负面评价门槛是很低的。如今要规避这一风险其实有一个很好的办法，那就是启用虚拟人物，因为虚拟人物极少出错。聪明的品牌已经意识到了虚拟偶像们永远年轻，永远正能量的特点。以下是近年中国主要虚拟数字人名录，如表 2.2 所示。

表 2.2　中国虚拟数字人名录

推出时间	名称	应用	所属单位
2025 年 3 月	柯小戎、柯小智	校园新闻播报、课程讲解	国防科技大学

表2.2(续)

推出时间	名称	应用	所属单位
2024 年 11 月	AI "小沪"	一套整合了语音识别、大语言模型文字生成，以及语音合成三方面功能的交互式 AI 系统	上海大学
2023 年 9 月	龙傲天	以恐龙园管培生身份担任虚拟主播	中华恐龙园
2023 年 9 月	镜月 & 仔仔	镜月为虚拟科普大使，仔仔为虚拟职员，传播航天精神，吸引年轻群体	中国航天博物馆
2022 年 8 月	Luya	AI 虚拟歌手、音乐演出、NFT 合作	讯飞音乐
2022 年 3 月	AI 王冠	拥有超自然语音、超自然表情的超仿真主播	中央广播电视总台视听新媒体中心
2021 年 11 月	小天、小志等五款数智人	面向文旅导览、金融客服、多语种主播等场景阵列	腾讯
2021 年 11 月	北京冬奥会手语数字人	在央视新闻中担任手语播报员	百度、央视
2021 年 11 月	VIVI 子涵	担任电商带货虚拟主播	京东
2021 年 10 月	柳夜熙	做网红 AI 美妆博主	创壹科技
2021 年 10 月	小布虚拟人	作为家居助手，联结 AloT 设备	OPPO
2021 年 10 月	小漾	担任湖南卫视数字主持人	湖南卫视
2021 年 9 月	北京冬奥手语播报数字人	北京冬奥会期间做手语播报	智谱 AI、智源研究院、凌云光、北京广电
2021 年 9 月	云笙	入职华为云，可进行聊天对话、技术宣讲	华为

表2.2(续)

推出时间	名称	应用	所属单位
2021 年 8 月	俊俊	作为百度代言人龚俊的虚拟数字人	百度
2021 年 6 月	华智冰	入学清华计算机系,持续学习、演化	智源研究院、智谱 AI、小冰公司
2021 年 6 月	小净	专门面向航天主题和场景研发的数字记者	腾讯、新华社
2021 年 4 月	小雅	在金融应用中问答对话	追一科技
2021 年 3 月	小 C	作为央视网数字虚拟小编播报、采访	百度、央视
2021 年 2 月	爱加	AI 拜年、在两会期间播报和答疑等	科大讯飞
2021 年 2 月	可可	做 AR 在线教育课程	网易
2020 年 11 月	素问	担任杭州中国丝绸城落地虚拟讲解员、虚拟舞者等	网易
2020 年 11 月	"A-SOUL" 女团	虚拟偶像团体,会出唱片、与粉丝直播互动等	乐华娱乐、字节跳动
2020 年 11 月	M 姐	担任美妆品牌欧莱雅虚拟代言人	凌云光
2020 年 10 月	小晴	担任 AI 虚拟人 5G 交互一体机中的导览员,提供咨询服务	科大讯飞
2020 年 10 月	阿喜	在拼音上拥有近 30 万粉丝	独立创作人 Jesse
2020 年 8 月	小爱同学	计划让用户和小爱同学虚拟形象实时对话	小米
2020 年 5 月	小妮	在产业 AI 公开课中担任 AI 主播	京东

表2.2(续)

推出时间	名称	应用	所属单位
2020 年 5 月	硅语数字人	担任 AI 客服、AI 数字教练等	硅基智能
2020 年 2 月	小糖	作为 AI 数字医生答疑解惑，在 2020 世界人工智能大会上以数字人导览员身份亮相	商汤科技
2019 年 8 月	雅妮	做新闻播报、会议主持	搜狗
2019 年 8 月	AI 数字人陆川	在大会活动中与观众实时对话	思必驰、量子动力
2019 年 7 月	小浦	作为百度实习员工、浦发银行数字员工答疑解惑	百度
2019 年 7 月	小菲	作为澎湃 AI 主播在上海外滩峰会上做新闻播报	百度
2019 年 6 月	虚拟鹤追	国漫史上首个虚拟演员，出演《雄兵连》等	虚拟影业
2019 年 3 月	新小萌	作为全球首个 AI 合成女主播亮相两会	搜狗
2019 年 2 月	小撒撒	亮相网络春晚与撒贝宁同台主持	腾讯
2018 年 11 月	AI 合成主播	节目播报	搜狗、新华社
2018 年 5 月	Siren	可实时捕捉以及实时渲染，应用于电影、游戏制作	腾讯、Epic GameSs Cubic Motion 等

数据来源：整理自网络和"智东西"平台。

    "初音未来""镜音铃""镜音连""巡音流歌""KAITO""MEIKO"是六位电子歌手软件的角色形象，由 Crypton Future Media 公司研发。每位角色的电子歌手软件中所收录的歌声各不相同，富有他（或她）自身的特色，只要在电脑画面中输入歌词和旋律，就能形成歌声（声乐部分）。对比其他几个角色，初音未来被更多人知晓，她是 2007 年由 Crypton Future Media 以雅马哈的 Vocaloid 系列语音合成程序为基础开发的音源库，音源数据资料采样于日本声优藤田咲。初音未来的特征是魅力十足的歌声、音色华丽清脆高亢、苍绿色的双马尾和具有科幻主义特色的服装。

数字人阿喜 Angie

阿喜有着天真可爱的少女外形，视频中也是展示了阿喜在生活中的小场景：夏日蹲坐在风扇前吹风、戴上耳机听海风、郊外拍照、卷空气刘海儿、对着镜子涂口红、嘬着吸管喝可乐、弹琴画画、咀嚼零食、嘟嘴皱眉……设计师 Jesse 对阿喜的定位是能给人带来轻松治愈的感觉，阿喜抖音账号后台数据显示，75% 喜欢阿喜的粉丝是女性，年龄为 18～23 岁。对于阿喜未来的规划，创作人 Jesse 计划："今后应该会结合阿喜的特点，为她融入自己的才能风格，再参与一些演唱会表演才艺，或者参加一些如动画片或电影等虚拟影视作品。"阿喜的第一条商业广告——品牌方是德国腕表品牌 NOMOS Glashütte。该品牌腕表主张表达女性独立自信、从容自在的个性。在 2021 年 10 月 22 日阿喜画画的视频中，便是佩戴了该品牌的 Tangente 33 duo 腕表，视频文案为"抛开繁冗和匆忙，回归简单自然"，虚拟偶像阿喜的头衔为品牌时光挚友。

虚拟歌姬洛天依

作为中国第一个虚拟歌姬，洛天依在淘宝直播的坑位费高达 90 万元，全场直播带货有 261 万人实时观看，近 200 万人互动打赏，直播带货营收毫不亚于真人主播。洛天依的形象由画师 MOTH 绘制初稿、画师 ideolo 整合而成，于 2012 年 3 月 22 日首次公布形象。洛天依的声音是上海禾念信息科技有限公司以雅马哈的 VOCALOID 3 语音合成引擎为基础制作的全世界第一款 VOCALOID 中文声库。2016 年 2 月 2 日，洛天依参加"2016 湖南卫视小年夜春晚"与杨钰莹共同演唱歌曲《花儿纳吉》。2016 年 7 月 23 日，洛天依 VOCALOID 4 形象以全息的形式亮相"Bilibili Macro Link"并演唱歌曲《66CCFF》。2016 年 10 月 15 日，洛天依参加"2016 湖南卫视第十一届金鹰节互联盛典"与付辛博等共同演唱《权御天下》。2016 年 12 月 31 日，洛天依参加"2016 湖南卫视跨年晚会"与马可共同演唱歌曲《九九八十一》和《追光使者》。2017 年 3 月 18 日，洛天依以全息形式与许嵩一同演唱歌曲《深夜书店》。2017 年 6 月 17 日，洛天依在上海梅赛德斯 - 奔驰文化中心举行万人演唱会。2017 年 12 月 31 日，洛天依参加"江苏卫视跨年晚会"与周华健演唱歌曲《冰雪奇缘》。2019 年 1 月，洛天依参加"江苏卫视跨年演唱会"并与薛之谦合唱歌曲《达拉崩吧》。2020 年 12 月 31 日，洛天依参加由央视频与 B 站联合推出的"2020 最美的夜 bilibili 晚会"。2021 年 2 月 11 日，洛天依参加"2021 年中央广播电视总台春节联欢晚会"与月亮姐姐、王源共同表演少年歌舞《听我说》。2021 年 6 月 7 日，洛天依与俄罗斯虚拟歌手娜娜（Alena）共同演唱的单曲《出发向未来》。在 2025 年丝路春晚上洛天依与蔡国庆、戴燕妮、俄罗斯歌手卡捷琳娜（Katya）等艺人联袂演绎开场歌舞《山舞银蛇》，这是洛天依首次在丝路春晚亮相。与其他虚拟偶像立体仿真的人物形象不同，洛天依定位歌姬，保持着 16 岁的年轻形象，专注走演艺路线。

虚拟偶像 Lil Miquela

各个国家都有风靡网络的虚拟偶像角色。Lil Miquela 是一位拥有西班牙、巴西和美国混血的模特和音乐人，长期定居在美国洛杉矶，和其他网红一样承接各种拍摄和广告代言，Lil Miquela 有自己的社交和男友，生活与普通人无异。在 Instagram 上 Lil Miquela 拥有 200 多万粉丝，曾被评为"网络最具影响力人士"，年收入近亿元。Lil Miquela 的成功反映出虚拟人物和现实世界互动的可能性，以及数字化人类形象在文化消费和品牌营销中的巨大潜力。

虚拟偶像的商业变现方式多元，如版权（音乐制作、影视作品授权、发行周边）、广告代言、演唱会、商业演出、直播打赏、短视频、带货等，其中主要收入来源还是版权，在对众多虚拟偶像的对比分析中可见，虚拟歌手还是占多数，如表2.3所示。

表 2.3　虚拟偶像角色定位及商业变现方式

名称	定位关键词	商业变现方式	公司
翎 Ling	国风文化传播，国潮，时尚，科技国风感	舞台演出，短视频，带货	魔珐科技与次世文化
洛天依	虚拟歌姬	舞台演出，音乐专辑，直播带货	天矢禾念
AYAYI	时尚网红，国内首个基于虚幻引擎打造的 MetaHuman（超写实数字人）	品牌合作、入职阿里	燃麦科技
A-SOUL	女团	舞台演出，音乐	字节跳动，乐华娱乐
K/AD	女团，音乐，游戏	唱片，商演	音乐厂牌 Riot Games Music
Pentakill	重金属乐队，游戏	商演	Riot
哈酱	歌手	音乐专辑	华纳音乐
aespa	女团	音乐专辑	SM 娱乐
柳夜熙	科幻古典	短视频	创壹科技
KINGSHIP	卡通组合	NFT，音乐专辑	环球音乐
一禅小和尚	卡通形象	带货	大禹网络

数据来源：收集于网络。

虚拟偶像备受年轻人喜爱，品牌也在寻找与虚拟偶像相结合的营销的发力点。一类是自主设计，打造品牌专属 IP 偶像，如屈臣氏、花西子等品牌。屈臣氏推出了首位虚拟偶像代言人"屈晨曦 Wilson"，屈晨曦拥有小鲜肉的形象和亲切的性格，在 2019 屈臣氏 HWB 健康美丽大赏上，他展示了主持、舞蹈才艺以及和观众互动的能力。屈晨曦承担了品牌传播的重任，并且以具体的拟人形象与消费者建立起了沟通的桥梁。2021 年 6 月，花西子推出了虚拟代言人，名字与品牌名字相同，外形符合花西子古典美人的形象：柳叶弯眉，蓝色羽衣，手持粉色莲花。

另一类没有自主设计虚拟偶像的品牌，如长安汽车、三只松鼠、百雀羚等品牌，则是选择与洛天依、AYAYI 等成熟的偶像 IP 合作，这些虚拟偶像的身价已经可以媲美一线明星。目前虚拟偶像百花齐放，也将会和网络主播一样，粉丝和流量率先涌向第一批头部 IP，经市场洗涤后，虚拟偶像的核心价值还在于自身的粉丝号召力，这对背后的运营团队来说，技术和策划都是极大的挑战，但不得不承认，随着人类注意力逐渐向网络空间转移，虚拟偶像将是未来品牌营销撬动消费者的新一个支点。此外，虚拟偶像的成功还需要背后团队不断创造有吸引力的故事和人物设定，维持粉丝的喜爱度。

虚拟偶像与广告之间存在着紧密的联系和互动，相互促进、共同发展，为品牌与消费者之间的沟通搭建了新的桥梁和平台。品牌需要不断探索和创新，以适应这个快速变化的市场环境。未来，虚拟偶像可能会更具互动性和沉浸感，甚至成为人们日常生活中的"朋友"或"伙伴"。并且，虚拟偶像可能不仅仅局限于娱乐领域，还可能延伸到教育、商业、服务等行业，为人类的生活带来新的体验。

人工智能、深度学习、虚拟现实和增强现实技术的不断进步，使得虚拟偶像将不再只是娱乐和文化消费的符号，而是成为更加智能、个性化且多元化的数字存在。随着虚拟偶像的影响力增大，围绕虚拟偶像的伦理和隐私问题也开始引发关注。例如，虚拟偶像是否应该有"自主权"？粉丝对虚拟偶像的情感投资是否会带来心理层面的风险？这些问题需要未来进一步探讨。

第二部分

新消费

第三章

数字环境下的消费重构

　　在任何跨越了自给自足状态的经济体中，消费由他人提供的商品和服务，无论对于社会还是个人来说，都是一种必需。但是当消费变得浪费，当用后即抛取代了经久耐用，当我们把自己感觉成个体化的消费者而忘了我们作为工人和公民的身份从而消解了面对共同环境时的团结一致，问题才真正出现了。这种取代是通过对消费主义意识形态的坚持不懈的推广达成的。消费主义意识形态将市场呈现为最根本的自由空间，并说服我们只能完全靠自己、通过我们个性化的购物所得将这种独特的感觉传递给他人。

——摘自《传播新视野：危机与转机》①

---

　　① 赵月枝，吕新雨. 传播新视野：危机与转机［M］. 上海：华东师范大学出版社，2019.

第一节　支付方式更新

从以物换物的支付 1.0 时代，到现金支付的支付 2.0 时代，再到如今移动支付的支付 3.0 时代和生物识别（指纹识别、面部识别）的支付 4.0 时代，支付方式的虚拟化和便捷化，悄无声息地改变着消费方式，大大提高了商业运行的效率。"从物物交换到一般等价物，从飞钱到交子，从本票到汇票，从纸币到电子货币，社会生产力的发展，促进了支付工具的发展，而支付工具的发展又反作用于社会生产力。"① 在现金支付和全款支付的年代，人们购买一件想要的物品，可能要省吃俭用攒很久，而现在有信用卡、花呗（阿里）、白条（京东）等。提前消费让每个人看起来越来越有钱，到处旅游、晒美食、买名牌，光鲜艳丽背后其实是债台高筑的万丈深渊。截至 2024 年 12 月，消费者可以使用的在线支付方式有以下六种。

移动支付：微信支付、支付宝通过二维码、扫码、转账等功能，广泛应用于生活消费、线上购物。Apple Pay、Google Pay 基于 NFC 技术，可在支持的终端进行触碰支付。

银行卡在线支付：信用卡/借记卡支付直接通过输入卡号、有效期、CVV 等完成支付。网银支付通过银行官网的接口完成交易验证。

第三方支付平台：PayPal 国际化支付平台，支持多币种在线支付。Stripe、Square 主要用于电商、订阅服务的支付解决方案。

数字货币支付：比特币、以太坊等加密货币支付，适用于特定的去中心化交易场景。

分期付款与先用后付：淘宝、拼多多等多个平台支持分期付款和先用后付。

---

① 王伟. 支付方法论 ［M］. 北京：机械工业出版社，2021.

电子钱包与积分支付：商家提供的专属电子钱包（如亚马逊余额）或会员积分支付。

支付方式的更新不仅优化了消费者的支付体验，还通过技术手段推动消费便捷化、安全化、多样化和全球化，为现代消费注入了更多活力。对于年轻人来说，他们更喜欢这些"前卫"的消费方式。移动支付、扫码支付等大大减弱了传统现金交易的复杂性，用户可以随时随地完成支付；数字支付工具支持多币种转换和实时支付，方便消费者在海外购物或进行跨境电商交易；许多支付平台通过大数据分析提供个性化优惠券、积分返利等，刺激消费者购买更多商品或服务；支付方式的便利性助推了共享经济（如共享单车、短租平台）和订阅经济的发展；数字支付平台提供清晰的消费明细，帮助消费者管理支出，例如支付宝的记账功能和年度账单功能，能够让用户清晰地看到自己的收支情况。

但需要警惕的是，无形的数字资产很难让人对金钱有明显的概念，在数字货币社会中，消解了人对金钱的敬畏审慎之心，金钱观念在无形中被削弱至"唯消费论"的境地——似乎唯有资金流转成实际购买的商品或服务，其价值才得以真正体现。新技术的浪潮更是为这一趋势推波助澜，它赋予了消费前所未有的便捷性：从购物、餐饮外卖到旅行娱乐，一切均可通过指尖轻触 App，一键下单，瞬间完成支付，彻底打破了物理空间的限制。人们无须踏出家门，商品与服务便能穿越时空，由快递与外卖员送达手中，极大地简化了消费流程，提升了生活效率。

这份便捷背后，也悄然滋生了一种无意识的过度消费倾向，分期付款和借贷功能让更多人"消费得起"。年度账单像一面镜子，直观反映了年轻人的消费偏好、财务规划水平和生活方式倾向，为理解和引导其消费观提供重要依据。科技不仅革新了支付手段，更在某种程度上引导着人们步入了一个由欲望驱动的消费漩涡之中。在这个被技术加速的世界里，人们享受着即时满足带来的快感，也容易在不经意间滑入过度消费的深渊，科技的双刃剑特性在此显露无遗。因此，在享受科技带来的便利之时，我们也需保持清醒的头脑，理性审视自己的消费行为，以免被欲望的黑洞吞噬。

第二节　消费时代变迁

一、消费社会的形成

消费社会是 20 世纪初出现的一个概念。在 20 世纪之前，消费主义作为一种生活方式，活动主要局限于社会精英阶层，而对于广大民众而言，消费往往基于满足生活的必需品。文化和宗教的价值观在那时并不利于消费社会的兴起，因为许多基督教教派秉持着反对奢侈并鼓励节俭的教义。然而，随着时间的推移，一些宗教和信仰体系开始重新审视消费观念，倡导对所有人实施有限且谨慎的消费行为，并对贫富之间日益扩大的消费差距表达了抗议。这种转变体现了对于公平和社会责任的深刻思考。在前工业化社会中，过度消费或炫耀性消费，尤其是富裕群体的奢华消费，常常受到社会的审视和批评，这种批评不仅源于道德层面的考量，也反映了当时社会对于资源有限性和可持续发展的初步认识。

"人均拥有的经人工改造的物品数量增长，数量变化速率提高，人与物的纠缠趋于复杂……美国平均每个家庭拥有超过 3 万件东西小到回形针，大到熨衣板。大多数美国人家中电视比人还多。"① 消费主义的崛起，源于新技术引发的商品生产过剩与市场需求间的失衡。在系统和大规模生产尚未盛行之时，资源往往显得稀缺而珍贵，但随着生产领域技术的进步与创新，资源逐渐从匮乏状态转变为富足，原材料和资源的获取变得前所未有的容易。这一转变不仅极大丰富了市场上的商品种类，还提高了生产效率，使得商品供应远远超出了人们的基本需求。与此同时，现代交通的飞速发展、军事征服的广泛影响、城市中心的不断

---

① 霍德. 纠缠小史：人与物的演化［M］. 陈国鹏，译. 上海：文汇出版社，2022.

扩张，以及发达国家所经历的第二次工业化浪潮和新贸易路线的开辟，都为消费社会的形成提供了强大的推动力。这些因素共同作用，使得消费主义理念逐渐深入人心，人们开始追求更多的物质享受和更高的生活品质，消费社会由此应运而生。

鲍德里亚认为，马克思主义的生产论对商品的理解是使用价值与交换价值的统一，而后现代社会的消费品则是符号价值与社会价值的统一。郭景萍在《消费文化与当代中国人生活方式流变》一书中聚焦消费文化与当代中国人生活方式的关系，揭示了我国消费文化流变与生活方式变迁的突出特点：

意识形态消费文化向市场消费文化的流变—生活方式娱乐化并趋向自由；物质消费文化向符号消费文化的流变—生活方式象征化并趋于品位；大众消费文化向小众消费文化的流变—生活方式多样化并趋于分化；理性消费文化向感性消费文化的流变—生活方式个性化趋于体验化；道德消费文化向美学消费文化的流变—生活方式世俗化并趋向时尚[1]。

现代营销艺术的精髓之一在于精心构建一种全新的享乐与休闲的意识形态，巧妙地引导人们追求超越生活基本需求的商品消费，这种策略不仅塑造了现代营销的诞生背景，更推动了消费社会的深刻变革。媒体和广告巧妙地激发了人们的消费欲望，逐步消解了消费社会的种种障碍，促使消费者的态度和生活方式发生根本性的转变。国际贸易的创新策略、法律制度的调整、工资水平的提升以及多样化的大众信贷方式涌现，共同为刺激经济增长的消费品打开了大众市场的大门，让更多人有机会参与到这一繁华的消费盛宴中来。

大众消费社会的早期引擎之一是百货商店。百货公司的创建是为了不断地以前所未有的规模展示商品，并鼓励人们购买。"客户服务"的

---

[1] 郭景萍. 消费文化与当代中国人生活方式流变［M］. 北京：社会科学文献出版社，2017.

概念和实践也有所发展——在百货公司购物的人们对迄今为止为社会精英保留的服务水平感到满意。接替百货公司的购物中心，接替超级市场的大卖场，都经过精心设计，营造出舒适便利的氛围，间接鼓励消费者购买。消费主义已经成为现代社会的一个主要特征，人们频繁购物，尤其是购买并不需要的商品。消费文化的兴起伴随着广告和营销的增长，以及新技术的发展和大众媒体的兴起，使大家能够通过电子设备不断地与他人联系在一起。

不经意间，人们或许会发现正在为那些非必需品慷慨解囊，比如一台装饰意味浓于实用的华丽咖啡机，或是几双令人心动的昂贵鞋履，它们虽非生活所必需，却轻易俘获了你的心。然而，至关重要的是，切莫仅凭这些表象活动来界定自我；消费文化的触角所及远不止于此，它以更加微妙且不易察觉的方式渗透进我们的生活。我们往往在不经意间，通过种种途径成为其积极的参与者，却浑然未觉。譬如，当周遭人群的潮流裹挟着你，让你仅因流行趋势就购入某件物品时，你实则已踏入了消费主义的精心布局之中，成为那无形之网中的一缕丝线。

消费主义是现代社会的产物，回溯至 300 年前，消费主义尚未成形，彼时物质世界相对贫瘠，生产能力受限于技术与资源的双重桎梏。即便偶有生产盈余，人们的首要选择往往是投资于土地，以此作为扩大再生产的基础，而非今日之无度消费。往昔的奢侈品，虽同样是奢华与尊贵的象征，但鲜少如现今般频繁更迭款式，它们更多的是作为一种精致生活态度的体现，而非单纯追求时尚潮流的载体。消费主义的兴起，悄然间模糊了传统社会阶层的清晰界限，通过赋予商品以超越其物质属性的身份与地位符号，使得人们在购买时，往往不仅仅是在选择一件商品，更是在选择一种生活方式、一种社会认同。

尽管消费品在某种程度上模糊了群体之间的外在界限，使得不同阶层的人群能够共享某些消费符号，但这并不意味着阶级界限的彻底消失。深层次的社会结构、经济差异以及资源分配的不平等，依旧在无形中维系并强化着阶级的存在。

二、消费结构的变化

消费结构是指各类消费支出在总费用支出中所占的比重，它是目标市场宏观经济的一个重要特征，能够反映一国的文化、经济发展水平和社会的习俗。大多数发达国家消费结构的特征是：基本生活必需品的支出在家庭总费用支出中所占比重很小，而服装、交通、娱乐、卫生保健、旅游、教育等的支出在家庭总费用支出中占很大比重。发展中国家消费结构的特征是：基本生活必需品在家庭总费用支出中占有很大比重，但这种情况会随着经济的发展、家庭收入水平的提高不断变化。

改革开放以来，中国的消费结构已然发生了巨大的变化。消费者正逐渐从购买产品转向购买服务，除了衣食住行，新兴消费、教育文化娱乐、医疗保健占主要消费支出。恩格尔定律曾指出：一个家庭收入越少，家庭收入中用来购买食物的支出所占的比例就越大；随着家庭收入的增加，家庭收入中用来购买食物的支出所占比例则会下降。根据我国居民消费支出数据，食物占总支出的比例逐年降低，而用于其他方面的花费所占比例越来越高。这些变化既反映了经济发展和居民收入水平的提高，也折射出社会文化和科技进步的影响。在改革初期，居民消费主要集中在温饱需求，如粮食、服装等基本生活必需品，恩格尔系数较高，居民消费结构以"生存型"为主。20世纪90年代随着经济持续增长，教育、交通、住房等支出的比重逐步增加，消费进入"发展型"阶段。2000年后消费逐渐向"享受型"转移，娱乐、文化、健康、美妆、旅游等方面的支出快速增长，居民更关注生活品质和精神需求。收入增长，食品支出占总消费支出的比例逐渐下降，表明基本生活需求得到更好满足。根据国家统计局数据，2024年中国居民的恩格尔系数已下降到29.8%，其中城镇为28.8%，农村为23.3%。

居民消费品种类和服务内容也更加多样化，从单一的国有商品供应到品牌多样化、全球化，消费者有更多选择，进口商品逐渐进入普通家庭的购物清单，如高端家电、奢侈品和进口食品。服务层面，教育、医疗、文化娱乐和金融服务的消费占比显著提高，服务业在经济中的地位日益提高。2024 年 7 月国家统计局公布的数据显示，随着居民更加注重生活品质、绿色环保意识增强，以运动健身产品、绿色智能家电、新能源汽车等为代表的升级类产品成为消费新增长点。同时随着促进服务消费的相关政策逐步落地，市场供给不断优化，居民消费持续释放，带动服务消费市场较快增长①。随着休闲时间和收入的增加，文化娱乐支出成为重要增长点，包括旅游、健身、电影、演出等。电商平台的崛起和移动支付的普及提升了城镇购物的便捷性，推动了农村消费升级，农村消费者对家电、电子产品、快递服务等的需求增长迅速。同时，中西部地区的消费潜力也逐渐被释放，区域发展更加均衡。中国成为全球最大的电影市场之一，国内外文化产品的消费需求旺盛。这些变化不仅体现了中国经济社会的进步，也展现了消费对国家经济发展的重要驱动力。

三浦展（Miura Atsushi）被誉为"日本消费研究第一人"，作品有《第四消费时代》《孤独社会》《从消费社会到格差社会》《下流社会：一个新社会阶层的出现》等。三浦展将日本的近百年消费社会概括为四个阶段。

第一消费时代：以物质需求为主，强调消费的基本生存需求。

第二消费时代：着重满足功能性需求，逐步向"拥有"转变，喜欢大量消费。

第三消费时代：关注消费者的个性化需求，强调体验与生活质量，差别化消费主义。

第四消费时代：注重"共享消费"，人们更加追求文化认同、社群归属感与品牌理念的契合，朴素消费主义。

---

① 国家统计局. 于建勋：消费市场规模持续扩大新型消费不断拓展［EB/OL］.（2024-07-15）.https://www.stats.gov.cn/xxgk/jd/sjjd2020/202407/t20240715_1955601.html.

如今，第五消费时代已经到来。特点是强调"共享经济"和"可持续消费"。消费者更加注重资源的共享与再利用，关注环境保护和社会责任，追求"节俭且高效"的生活方式，倾向于选择能够带来长远价值的产品和服务。这一时代强调的是集体主义精神、对社会的贡献以及对环境的可持续性关注①。

在天图投资和三浦展的对谈中，还提到七个"S"特征：

slow：快餐变慢食，快时尚变慢时尚，更多人倾向手工制作。

small：从喜欢大规模的东西、大商场、大购物中心，开始倾向喜欢小规模的、离自己身边更近的、更加贴近于自己实际生活的东西，小的商圈、小的业态，更加受到重视。

sociable：小空间将会带来更多的社交。因为小，人和人更加贴近，带来更好的社交化关系。正是因为到处都是无人化，才需要在自己生活的复杂圈子内进行更多的社交。

soft：由硬件优先的城市发展和产品开发转向更软性的内核性内容。

sensuous：从原来追求性能及功能，到现在更注重感官上的体验。

sustainable：可持续性，更强调绿色以及再利用。

solution of social problems：解决社会问题，为社会提供价值②。

虽然简约和环保也开始被提倡，但目前我国大部分群体仍处于第三消费时代。

消费方式的现代化改变了人们的消费结构和消费方式。随着网络购物的发展和支付技术的发展，消费者可以同时使用线上和线下渠道进行消费，过去人们在网络上主要购买服饰、食品、生活日用品，而近几年家电的购买率大大提升，过去要买一台格力空调这样的大家电，消费者需要去店里对比体验才决定买不买，而现在可以去线下门店里试用，在线上优惠下单，甚至足不出户在网上看好就可以直接下单，仓库直接配

---

① 三浦展. 第四消费时代 [M]. 马奈，译. 上海：东方出版社，2022.

② 天图投资. 对话三浦展：未来，消费社会将如何发展？ [J]. 中国眼镜科技杂志，2024（4）：63-67.

送，服务点免费上门安装，十分便捷。技术变革加速了现代化进程，5G 时代居民消费结构已经发生新的调整。

2024 年 3 月，中国国务院印发《推动大规模设备更新和消费品以旧换新行动方案》，中央和地方投入超长期特别国债资金 3 000 亿元支持补贴①，通过家电、汽车、家装等领域的以旧换新政策，有效拉动了中国消费反弹，同年 10 月的社会消费品零售总额同比增速升至 4.8%，家电零售额同比上升 39.2%，政策直接拉动消费增长 1.2 个百分点②。消费者更注重情感满足和自我愉悦，盲盒、陪伴型玩偶等情绪消费商品热销。刀郎演唱会等事件成为现象级案例，线上观看人次超 5 200 万，门票价格一度飙升至 4 万元，反映了"悦己"需求的爆发。AI 技术推动智能硬件爆发式增长，如 AI 学习机成交额同比增长 10 倍，AI 耳机、键盘、鼠标等产品销售额增长超 100%。智能家居、新能源汽车等绿色科技产品成为消费新宠。服务性消费支出对消费增长的贡献率高达 63%，服务零售额同比增长 6.2%。旅游、医疗、教育等服务需求增长显著，2024 年元旦假期旅游收入较 2019 年增长 25%③。新消费动能崛起下，可见消费者更加关注情绪消费、数智消费和服务性消费。同时，从消费分层与结构上来看，消费者更注重性价比和实用价值，41% 的年轻人频繁比价，51% 的人选择平替商品以平衡品质与成本④。低价团餐、折扣咖啡（如库迪咖啡 9.9 元促销）成为市场亮点，国货品牌在京东搜索热度前 100 中占比超 70%，新中式服饰销量增长 110%。绿色家电销售额占比达 86%，一级能效产品更受青睐。年轻人追求"智性脑"消

① 国务院. 推动大规模设备更新和消费品以旧换新行动方案［EB/OL］.（2024-03-13）.https://www.gov.cn/zhengce/zhengceku/202403/content_6939233.htm.

② 沈建光，樊磊. 从京东大数据看中国消费十大特征［EB/OL］.（2025-01-27）.http://paper.zgxxb.com.cn/pc/content/202501/27/content_46576.html.

③ 李子晨. 2024 年零售消费：结构性复苏进行时［EB/.OL］.（2024-01-11）.https://www.workercn.cn/c/2024-01-11/8109834.shtml.

④ 新京报，贝壳财经. 2024 中国青年消费趋势报告［EB/.OL］（2024-07-08）.https://www.bjnews.com.cn/detail/1720425706129851.html.

费，注重养生（如"95 后"人均购买 3 种保健品①）、反向旅游（如"特种兵式"旅行流行）和宠物经济（如宠物"家人化"支出增加），而一线城市 56 岁以上群体消费支出显著回升，智能产品、健康服务需求增长。对未来经济的不确定和担忧使得国民更加关注长期价值，储蓄倾向增强，2024 年中国消费市场呈现"复苏与分化并存"的特点，政策驱动、技术赋能和消费理性化是核心驱动力。

三、消费主义的兴起

自 20 世纪以来，消费主义逐渐成为全球范围内的社会文化现象。消费主义的崛起是改革开放以来经济转型、社会文化变迁和技术创新的产物，从温饱消费到品质消费，再到今天的符号化消费，中国的消费主义经历了一个复杂而迅速的发展过程。我国国内生产总值连续多年保持高增长，居民人均可支配收入不断提高，为消费主义的兴起提供了坚实的经济保障，尤其是中产阶级的快速扩张增强了消费能力，催生了对高品质商品和服务的更高需求。消费主义是现代经济发展的强大动力，尤其在我国经济发展中起到了扩大内需、促进产业升级、提高生活品质和加速全球化进程的重要引擎作用。

改革开放前是以生存为核心的消费社会，在计划经济时期，消费行为以满足基本生存需求为主。粮食、衣物等必需品受到严格配给，消费结构简单，商品选择有限。消费被视为满足基本生活需要的工具，而非身份表达或生活方式的体现，消费主义的萌芽尚未出现。改革开放初期，消费解放与市场化萌芽，中国从计划经济向市场经济转型，商品供应多样化，消费者的购买选择逐渐增加，电视机、自行车、冰箱等耐用消费品成为家庭的主要消费目标，标志着人们从生存消费向发展消费转变。符号化消费初现，拥有某些商品开始成为身份和地位的象征，例如

---

① 参见：无猫健康.《2023 健康年度词》。

"彩电、冰箱、洗衣机"被称为家庭的"三大件"。20世纪90年代以后，城镇化进程加快，中产群体的消费能力不断增强和文化资本不断增加，消费主义逐渐渗透到日常生活中，电影、旅游、健身等文化娱乐消费需求激增，消费者更加关注体验和精神满足。再到电商时代，淘宝、京东等电商平台的兴起为消费者提供了便捷的购物渠道，直播带货、短视频营销等新模式进一步推动了消费热潮，消费者通过商品选择表达个性和身份认同，品牌符号成为个人社会地位和生活方式的标志。

党的十九大报告提出，中国特色社会主义进入新时代，我国社会主要矛盾已经转化为人民日益增长的美好生活需要和不平衡不充分的发展之间的矛盾。一方面，消费主义刺激了人们对美好生活的追求，也加速了产品和服务的升级，另一方面是"美好生活"的符号已经被市场化、商品化，如马尔库塞质疑的：

"人们当真能对作为新闻与娱乐工具的大众传播媒介和作为灌输与操纵力量的大众传播媒介作出区分吗？当真能对制造公害的汽车和提供方便的汽车作出区分吗？当真能对实用建筑的恐怖与舒适作出区分吗？当真能对为保卫国防和为公司盈利的手段作出区分吗？当真能对提高生育率方面的私人乐趣和商业上、政治上的功用作出区分吗？"①

当下社会现实回答了马尔库塞的问题，人类反智觉醒的时代并没有完全到来，哪怕在"当代社会最高度发达的地区"。大众媒介控制着人们的信息来源，掌握着舆论方向，键盘侠们如冬日漫天的雪花般涌进网络上可以发言的"战场"，越来越多的私家车堵在加宽又加宽的道路上……人们在自己的认知领域颐指气使，品味、脾性、喜好越来越相似……

从改革开放初期开始，中国逐步由计划经济向市场经济转型，消费自由化为消费主义的萌芽奠定了基础。随着经济快速发展，国民收入水平提高，人们开始追求生活品质的提升，而不仅满足于基本生存需求。

---

① 马尔库塞. 单向度的人 [M]. 刘继，译. 上海：上海译文出版社，1989.

市场化的深入推动了商品生产的多样化与丰富化，广告和媒体的兴盛则进一步塑造了消费文化，通过符号化的商品赋予消费者身份认同和社会地位的象征意义。同时，全球化带来的跨国品牌与消费观念的输入，也影响了中国消费者的审美与偏好。进入互联网时代后，电子商务平台、移动支付和社交媒体的崛起极大地降低了消费门槛，加速了消费习惯的培养和消费主义的渗透。如今，消费已不仅是满足物质需求的行为，更成为一种生活方式和文化表达，而这一现象也引发了对过度消费、环境压力和社会伦理的深刻反思。

广告通过制造"消费符号"连接商品与身份认同，引导消费者将幸福与消费挂钩，商品被赋予了符号意义，人们通过消费获得社会认可和心理满足。广告与社交媒体的宣传制造了虚拟的"消费标准"，使部分消费者倾向于超出能力范围消费以维持面子或社会地位，萌发了恋物情结、虚荣消费、符号崇拜、欲望模仿、享乐主义。

广告是消费主义文化传播的载体之一，消费文化推动着广告行业的发展。

"公益广告规劝人们理性消费、节约资源、保护自然环境、抵制以破坏生态和杀戮野生动物为代价的消费，坚守价值理性和生态道义，商业广告则把传播消费主义价值观作为重要议程，用时尚、审美、身份、享受等刺激欲望，鼓励欲望消费、奢靡消费，用消费的'人性'意义掩盖消费带来的生态灾难，以涂染人文关怀色彩的消费主张解构具有生态关怀意义的生态伦理，甚至倡扬人类中心主义的价值取向，消解民众的生态理性和生态责任。"①

广告作为一种利用媒体来推销产品和服务的传播形式，主要目的是说服人们购买某些产品或服务，广告还试图通过使用媒体中的说服性信息来影响人们的态度、信仰、价值观和行为。

---

① 宋玉书. 生态文明传播：公益广告的着力点和主攻点 [J]. 中国地质大学学报（社会科学版），2015（3）：66-72，139.

例如，戴比尔斯的广告语"钻石恒久远，一颗永流传"让全世界有了"无钻不婚"的新理念，交换钻戒也成为婚礼仪式中不可缺少的环节。淘宝的双十一、双十二购物节也是以前没有的，只因淘宝的造节广告而形成，并带给大众新的习惯和趋势。线下商场和网络上铺天盖地的广告都在暗示大众这是消费的日子，商家运用各种打折促销手段告诉大众必须消费，不消费的人似乎成了局外人，厌恶损失心理使人变得更加焦虑。

著名思想家齐格蒙特·鲍曼（Zygmunt Bauman）在《流动的生活》[①] 中讨论了消费主义如何塑造了一个流动、碎片化的社会，个体在追求消费的过程中丧失了深层次的社会联系和稳定性。他提出，消费主义推动了快速变化的生活方式，增加了社会的焦虑和不安：

几乎每一样被生产者社会视为生产者身上美德的事物，在消费者社会看来，都会使消费者身体（消费的身体）完全产生不良后果并且因此变成很糟糕的事物。第二种身体与第一种身体的显著差别在于，它是一种终端价值，或者说目的价值，而非仅仅承载着工具性的意义。消费者的/消费的身体，是"本身具有目的的"，它有自己的目的和价值；在消费者社会里，这恰恰也是终极价值。消费的身体的康乐，就是所有一切人生追求的第一目标，就是人类世界其余部分及其任何一个要素之可用性、可取性及可欲性之最终检验与标准。

消费主义不是欲望的满足，而是为了更多的欲望而激起欲望——而且，最好是原则上不能平息的那一类欲望。

消费主义提倡通过物质消费来实现个人的社会地位、幸福感和自我价值，而广告正是通过塑造需求、传播品牌形象和塑造理想生活方式来影响消费者的欲望和行为。广告通过创造情感共鸣、理想化的产品形象和趋势，帮助消费者建立与品牌的情感连接，从而将消费转化为一种文化认同和社会归属感。在这种互动中，广告是销售产品，更是塑造消费

① 鲍曼. 流动的生活 [M]. 徐朝友，译. 南京：江苏人民出版社，2012.

文化、推动社会价值观转型的核心力量。通过这种方式，广告与消费主义相辅相成，共同推动着全球化、市场化的消费潮流。消费主义的兴起是经济发展、社会变迁和文化传播的结果，它在推动社会进步的同时也带来了一系列挑战，如何在消费主义的框架下实现可持续发展和社会公平，是未来广告需要重点关注的议题。

第三节　消费媒介依赖

"如果谷歌是搜寻发动机，为何它要开发硬件智慧装备、通信软件、社交平台？如果亚马逊是销售通路，为何它要推出平板阅读器、家庭数码助理、云端运算？如果脸书是社交平台，为何它要投资虚拟实境、支付软件，甚至新闻内容？现代科技产业似乎有一个特殊的逻辑，许多企业的目标已不在于生产更多消费者愿意购买的产品或服务，取而代之的，这些科技巨头似乎在创建更多平台，搜集用户讯息及其所创造的数码内容，尽可能抓住众人的注意力与时间，从中分析与推论各种情报，重新包装和货币化信息以实现利润获取。

这就是现在我们所处的世界，充满个人化与智能产品及服务，从手机、手表到家电、汽车，每个商品都即将连接网络、制造数据，再接受网际网络所提供来自朋友圈或企业的反馈。在企业提供的免费平台上，人与人在网络上像蜂巢般紧密连接，忙碌嘈杂地交换信息与意见。这是一个资本主义嵌入科技与网络的巨变时代，不乏各领域的学者思考当代的商业逻辑与形塑背后的经济理论，但就像一群摸象的盲人，没有人可以看清楚世界如何运作以及这转变的全貌。"[1]

消费媒介依赖现象是数字时代下消费者在购物决策、信息获取及消

---

① 祖博夫. 监控资本主义时代［M］. 温泽元，林怡婷，陈思颖，译. 台湾：时报出版社，2020.

费行为中高度依赖各类数字媒介——社交媒体、电商平台、直播、算法推荐等的社会现象，这种现象不仅反映了技术对消费生态的重塑，也揭示了消费者心理与行为模式的深刻变迁。数字媒介通过5G、AI、大数据等技术深度嵌入日常生活，例如短视频和直播的即时互动性增强了用户黏性，而算法推荐（如抖音、淘宝的个性化推送）精准满足用户需求，形成"信息茧房"，进一步强化依赖。并且，消费者习惯通过社交媒体获取产品信息，如小红书测评、抖音开箱视频，依赖用户评价完成决策。

消费媒介依赖现象是技术、心理与社会因素交织的产物。随着经济的蓬勃发展与消费主义"造梦"需求的持续攀升，广告市场迎来了前所未有的扩张机遇，为广告增量市场开辟了广袤的发展蓝海。从历史悠久的传统媒体，到日新月异的新媒体平台，再到层出不穷的创新广告形态，广告市场的多元化特性为广告主开辟了更为宽广的选择空间。市场规模不断膨胀，广告主之间的竞争态势愈演愈烈，媒体作为广告信息传播的核心桥梁，其战略地位与关键作用愈发显著。

在智能媒体时代，算法推荐将"人找信息"变为"信息找人"，极大地简化了信息获取路径，但也相应放大了人的惰性，造成人对算法媒介的高度依赖。在基于算法技术的新媒介环境中，一方面，媒介依赖造成了工具理性的进一步异化，人与媒介共同营造虚拟化的"数字孪生"世界，在人与媒介环境之间形成反复的"驯化"与"反向驯化"过程，人的信息窄化、媒介化与人性本能也日益显著；另一方面，媒介依赖同其他物的依赖一样，令现代社会人的主体性陷入困境，"人们越是追求自己的主体性，就越是发现自己对物的依赖，人的社会关系和能力越来越物化，越来越成为非人的即物的社会关系和能力"[①]。

高度竞争、日益内卷的商业环境中，大众对媒体的依赖程度愈发加

---

① 陈昌凤，蒋俏蕾. 智能与科技传播研究前沿［M］. 北京：中国社会科学出版社，2022.

深。媒体不仅是广告主触达目标受众、传递品牌信息的关键途径，更是塑造品牌形象、引导市场趋势、激发消费热情的重要力量。企业通过了解消费者对不同媒介的依赖程度，选择最有效的广告渠道来传达信息，提高广告效率。媒介系统依赖理论（media system dependency theory）指出在现代社会中，个体对媒介的依赖程度取决于媒介满足其信息、解释和社交需求的能力①，强调个人对于媒体的使用越频繁，越依赖于媒体来满足各种生活需求，那么媒体在个体的生活中扮演的角色便愈发关键，其影响力也相应增强。在数字化浪潮推动下，媒介已经深刻嵌入消费者的日常生活，成为人们获取信息、制定消费决策、分享生活体验的重要工具。在餐饮业中，餐厅渴望通过媒体的正面报道吸引食客，而食客则依赖媒体发布的内容来筛选心仪的餐厅。在这一过程中，媒体充当了至关重要的中介角色，其地位和价值在社会系统中得到了显著提升。因此，媒体中介代理这一行业应运而生，它们通过付费手段来推广高分高赞的信息，这些信息成为消费者决策的重要参考。如今，人们在选择餐厅时，往往会先查看网上的评分和榜单。这种便捷的媒介使用方式无疑加深了大众对媒体的依赖。

然而，这种媒介依赖既带来了消费便利与市场活力，也引发了对消费者自主性、社会文化和隐私安全的广泛讨论。消费者的媒介依赖体现在获取信息的依赖、消费决策的依赖、社交互动的依赖、情感联系的依赖等多个方面。媒介不仅是消费信息的重要来源，还通过个性化推荐、互动式广告等方式影响消费者的决策行为。双十一购物节期间，消费者高度依赖电商平台的推荐榜单和优惠信息来制订购物计划，这种依赖不仅满足了信息获取需求，也为消费者提供了快速决策的便利性。

媒介依赖理论认为，个体和社会对媒介的依赖程度决定了媒介对人们的影响力。在微观层面，个体对媒介的依赖关系取决于其个人需求和

---

① 媒介系统依赖理论是由 Sandra Ball-Rokeach 和 Melvin DeFleur 于 1976 年在论文 *A Dependency Model of Mass-Media Effects* 中首次提出的。这篇文章发表在 *Communication Research* 期刊上，是该理论的奠基性文献。

媒介提供的信息资源；在宏观层面，社会系统对媒介的依赖关系则受到社会需求和媒介功能的影响，进而影响整个社会结构和文化。媒介是信息的主要来源，当受众越依赖媒介获取信息时，媒介对受众的影响力就越强。在社会变动剧烈、不确定性较高的环境中，人们对媒介的依赖程度会增加，因为他们需要通过媒介获取信息来应对变化：认知上，人们依赖媒介获取对世界的认知和理解，如新闻、科普节目等；情感上，人们通过媒介满足情感需求，例如娱乐节目、社交平台等；行为上，人们依赖媒介指导行动，例如学习技能、了解政策等。然而，媒介的强大影响力也可能导致消费者在算法推荐中丧失独立判断能力，陷入"信息茧房"。

第四章

社交网络中的消费者行为

　　现今的人类和过去的人一样，仍是制造差异性的机器；分歧、自我认定、小团体、住所、阶级、地域、政治派别、地区。这类的分歧将团体与其不可转让及不能商品化的文化资产等牵制在一起，譬如语言、宗教、道德标准、圣地、乡土、艺术作品、古迹、烹饪等。它们延续着现存的文化，而这些文化透过传统传递，并具有地方风格、社会性、用言语表达，并具有识别作用，而且担负起对个人及集体的引导功能。这些文化活化且传衍不息。唯有透过文化概念，将其置于社会背景之下，并指出其幻象，才得以从市场全球化的事实中获得辨识的关键之钥。这个幻象便是想在其社会中单独抽出市场——但市场根本就牢牢嵌固在社会里，并且只考虑到市场的因素，将之视为一个封闭的、综合的、自给自足的，且具决定性作用的体系。市场确是一项全球化交易的管道。当然它必定会令物品及行为举止为之全球化。但在相同的活动中，市场也提供各个社会永无止境多样化的物品，并让它们来制造差异、认同，以及文化资产。

——摘自《文化全球化》①

---

　　① 瓦尼耶. 文化全球化［M］. 吴锡德，译. 台北：麦田出版社，2003.

第一节　分享型消费

走进社交网络的世界，随处可见消费行为的"痕迹"：朋友的微信朋友圈晒出新买的限量款球鞋，大众点评上的美食评论告诉你哪家餐厅必打卡，而抖音上的短视频则展示着某个网红景点如何拍出最佳角度。在这个人人都在"分享"的时代，消费行为从个人决策变成了社交互动的一部分。

分享型消费是社交网络发展催生的典型现象，其本质是一种社交货币的累积。社交货币是指人们通过分享信息来增加个人的社交资本。商品或服务的消费经历成为一种话题，使消费者在圈子中显得更有趣、更时尚或更有经验。分享型消费不仅仅是炫耀，还有帮助他人的意图，消费者通过分享购物经验或消费避坑心得，在社交圈中建立了"专家"形象，同时也获得了他人的感谢和尊重，如小红书上的"种草笔记"，用户通过分享真实的购物心得和产品评价，为其他消费者提供参考。消费者通过分享行为与他人建立联系——晒出一张在网红餐厅的美食照片，可能会引来朋友的互动："这家餐厅怎么样？值得去吗？"这种互动让分享者感受到参与感与关注度。传统广告中，消费者是被动接收信息的对象，而在分享型消费中，消费者成为品牌传播的主动参与者，他们创造内容、讲述故事、传播信息，这些行为既满足了自身的表达需求，也让品牌获得了免费的口碑营销。

"种草机器"小红书

"种草"一词源自网络用语，指的是通过分享和推荐，激发他人对某个产品或服务的兴趣，促使其产生购买欲望。小红书（Red）作为一个典型的社交化电商平台，自 2013 年成立以来，通过"种草"文化和内容驱动的社交电商模式，成功吸引了众多年轻消费者，尤其是女性群体。平台上的用户以分享购物心得、生活方式和消费体验为主，这种分享行为不仅激发了其他用户的购买兴趣，还形成了一个高黏性的社区生态。

小红书的"种草"文化是分享型消费的核心驱动力。平台上的用户通过发布图文、视频内容，展示自己使用产品的体验和效果，将个人的消费行为转化为一种公开的分享。这种分享不仅是个人表达的一种方式，更成为影响其他用户消费决策的重要途径。例如，一位用户在小红书上分享某款护肤品的使用心得，可能通过详细的文字说明、高清的图片展示以及对产品功效的评价，吸引其他用户的关注，这种基于真实体验的"种草"内容，比传统广告更具说服力和亲和力，从而促使更多用户对产品产生兴趣，甚至直接进行购买。

小红书通过精准的算法推荐，让用户的分享内容更容易被有相似兴趣的消费者看到，从而构建了一个以兴趣为纽带的消费分享网络。在这种机制下，分享行为和消费行为紧密相连，形成了从"种草"（分享）到"拔草"（购买）的消费闭环。平台上的每个用户既是内容的消费者，也是内容的生产者。品牌和商家通过与小红书用户合作，借助真实的"种草"内容，打破了传统广告的硬性营销模式，成功吸引了更多消费者。小红书不仅是一个内容分享平台，更是一个具有深厚社交属性的社区，用户之间通过点赞、评论、收藏和私信等方式进行互动，这种互动强化了分享内容的传播效果，同时也建立了消费者之间的信任关系。在小红书上，消费者往往更相信来自"普通用户"的真实分享，而非品牌方的宣传，这种信任成为推动分享型消费的重要动力。

对于品牌而言，除了在官方渠道做广告和营销活动，也会积极与关键意见领袖（key opinion leader，KOL）合作推广。爱彼迎（Airbnb）鼓励用户分享真实的住宿照片和旅行故事，打造了一个以社区感为核心的内容生态，让分享不仅是个体行为，更成为品牌传播的一部分。完美日记通过小红书上的种草笔记，以"高性价比""平价大牌替代"等关键词吸引年轻消费者，真实的用户体验分享大幅提升了品牌的可信度与好感度，美妆博主的在线试妆、穿搭博主的搭配等都引发普通消费者跟风购买并主动分享。分享型消费已经成为品牌传播的核心动力之一，尤其是拥有强大粉丝基础的 KOL，更是品牌争相合作的对象，甚至分享型消费让消费者变成品牌的代言人，无须额外广告投入，就能在熟人圈层中完成信任的扩展。

分享型消费为广告营销注入了真实、互动和数据价值，而广告营销通过创意和机制设计反过来推动分享型消费的扩散，二者结合，帮助品牌更高效地触达目标受众。

第二节　圈层化消费

圈层化消费以兴趣为核心驱动，消费者通过社交媒体找到与自己兴趣一致的群体，比如摄影爱好者会在平台上分享摄影技巧和器材使用心得，并逐步形成摄影器材的消费圈层。在圈层化消费中，群体成员的行为和意见对个体决策具有重要影响，尤其是圈层中的 KOL 或 KOC（key opinion consumer，关键意见消费者）的推荐往往能够显著影响圈层成员的购买行为。最小公共理论指出，在社交网络中，人们倾向于与自己有共同兴趣或价值观的人组成小群体，这种联系并不依赖地理距离或种族背景，而是基于心理认同和社交属性，即以最小的共同特征形成社交纽带。近年来，机械键盘爱好者、潮玩收藏者等垂直兴趣圈层在社交网络中迅速崛起，品牌通过精准定位这些小众圈层，获得更高的营销效率。

"物质文化相信：我们生活在、穿行于一个物质材料的世界，从独木舟到水稻田，从城市到牛仔裤，我们认为人们的习惯、饮食与会面的方式以及他们的价值观念，有部分来自他们所生长的物质环境，房屋空间中所存在的日常规律，或者来自他们所期望的着装方式。这与他们发展对于世界和政治的价值观、道德信仰同样重要。因此，我们关注物质文化塑造人的方式，关注人们的造物，关注人们创造性地为自己所创造的不同世界，就像关注技术与实践对人们的塑造方式一样。"[①]

消费行为不仅满足物质需求，还涉及心理层面的身份认同。在社交网络上，消费者通过分享特定品牌或产品的使用体验，强化其在圈层中的归属感，例如限量款球鞋在"球鞋圈"中象征着潮流与品位，消费者购买并展示这类产品，不仅是一种消费行为，更是自我身份的表达。在传统市场中，小众需求往往被忽视，而在数字时代，社交网络为这些需求提供了生长的土壤，根据长尾理论，小众市场的总和可以与主流市场匹敌甚至超越，品牌通过挖掘并满足圈层化消费需求，可以开拓新的增长点，比如宠物行业的品牌通过针对铲屎官等细分圈层，推出个性化产品，成功打开市场，便是长尾效应。

尽管圈层化消费具有明显的分众特性，但品牌可以通过跨圈层的传播策略，实现更广泛的覆盖。品牌通过组织线下活动或建立线上社区，可以进一步巩固圈层成员的忠诚度。相机品牌理光（GR）会在各个城市招募理光相机用户，组织城市漫步拍摄活动和人文街拍讲座，富士也会在线下组织摄影沙龙，分享相机使用方法和拍摄技巧。此外，品牌还常常邀请圈层成员参与内容共创，如理光在上海线下门店的 GR SPACE 空间里不定期举办理光摄影师用户的摄影展，以此来增强圈层成员的参与感。

B 站与二次元文化圈层

B 站自 2009 年成立以来，以深度垂直的二次元文化和年轻人社区为基础，逐渐发展成为一个多元化的内容平台，深受 Z 世代用户的喜爱。在圈层化消费的背景下，B 站不仅仅是一个视频分享平台，更是一个具有深厚社交属性的生态圈，体现了社交网络对消费行为的影响。

---

① 米勒. 物质文化与大众消费 [M]. 费文明，等译. 南京：江苏美术出版社，2010.

1. 以兴趣为导向的社交圈层

B 站通过精准的兴趣标签和算法推荐，创造了一个基于兴趣和内容的社交圈层，平台上的用户通过"二次元""游戏""科技""音乐"等细分领域形成了多种兴趣群体。这些群体不仅关注特定类型的视频内容，还在平台内积极互动，分享自己的生活和喜好。基于共同兴趣的社交圈层促进了用户的社交互动，使得平台内的消费行为呈现出高度的圈层化特征。用户对于动漫、游戏等相关产品的消费呈现出强烈的社交化趋势，粉丝们会通过评论、弹幕等方式在视频中表达对内容的认同或喜爱，这种互动行为又进一步推动了相关产品的购买意图和消费行为。B 站与动漫公司、游戏公司等达成合作，推出限定版商品、虚拟偶像周边等，进一步增强了圈层化消费的效果。

2. UGC 与品牌传播的结合

B 站的社交网络功能使得 UGC 在平台内占据重要地位。作为内容消费者的用户，还成为平台内容的创造者和传播者，在这种环境下，消费行为往往是与社交互动紧密相连的。B 站用户通过发布自制视频、直播等形式，形成了强大的内容创作和传播网络，进而带动了一系列的消费行为。"创作激励计划"鼓励用户制作优质内容并通过平台进行变现，许多用户在制作与特定品牌相关的创意视频后，会吸引大量粉丝的关注与点赞，这不仅为用户带来了社交资本，也为相关品牌的宣传和销售带来了机会。通过这种方式，B 站实现了品牌传播与用户社交网络的深度融合，促进了"圈层化消费"模式的形成。

圈层化消费的本质是对消费者需求的深度洞察，它是品牌与消费者共建关系的路径。随着数字技术的进一步发展，圈层化消费将更加精细化和动态化，品牌需要持续关注消费者的兴趣变化，并通过技术手段及时调整营销策略。人工智能与大数据的深度结合，将进一步提升圈层化营销的精准度，使品牌与消费者之间的互动更具个性化和长效性。

第三节　体验式消费

随着消费者对物质需求的满足逐渐趋向饱和，越来越多的品牌和企业开始注重通过创造独特的消费体验来吸引消费者。今天的广告不仅仅是简单的视觉符号，更是内容、体验与信息的整合。在社交网络的支持下，体验式消费不仅仅局限于传统的实地消费体验，更扩展到数字化、虚拟化的环境中。社交网络通过构建沉浸式的虚拟体验空间、互动内容和个性化服务，将消费者从单纯的商品购买转向以体验为核心的消费方式。体验式消费（experiential consumption）是指消费者在购买商品或服务的过程中，所追求的不仅是产品本身的功能性和实用性，更包括产品或服务所带来的独特情感体验、感官刺激和社会认同，与传统的功能性消费不同，体验式消费强调的是消费者通过参与互动、享受感官刺激或感受情感联结，从而获得价值。

约瑟夫·派恩（Joseph Pine）和詹姆斯·吉尔摩（James Gilmore）于1998年在《哈佛商业评论》上首次提出体验经济的概念，强调体验作为经济活动的新范式。社交网络在推动体验式消费方面发挥了巨大作用。社交平台通过其强大的社交属性，不仅将商品或服务信息传播给消费者，还通过社交互动提升了体验的价值和影响力。消费者通过社交网络分享自己的消费经历，传播关于品牌、商品的情感体验，从而促进了更多人的参与和消费。Instagram和小红书等社交平台为用户提供了分享购物体验的空间，消费者可以通过图文、视频等多种方式分享自己的体验过程，展示品牌、商品与服务的魅力。通过这种分享行为，消费者之间建立了某种情感纽带或认同感。更重要的是，这些平台通过精美的内容和视觉效果，创造了独特的消费体验。某些品牌在Instagram上开展互动营销活动，消费者通过参与并分享自己的体验，可以获得奖品、优惠或者专属产品。这不仅使消费者参与感倍增，还让品牌通过社交平台的传播效应扩大了影响力，从而增强了品牌的吸引力，提升了消费者忠诚度。

随着技术的发展，VR 和 AR 成为社交网络与体验式消费结合的重要工具。越来越多的品牌开始通过 AR 或 VR 技术提供沉浸式的购物体验。例如，消费者可以通过 AR 技术在家中模拟试穿服装、化妆品试色等，甚至可以在虚拟商店中体验全景购物。"淘宝人生"是淘宝平台内的一个社交娱乐功能，结合了虚拟形象、互动玩法以及购物体验，为用户提供个性化和趣味化的社交场景。打开"淘宝人生"，最主要的功能就是选定自己的虚拟形象后，可以通过购物、任务或活动获得道具和服饰，用于装扮虚拟形象。许多道具是根据淘宝热销商品或品牌联名设计的，具有一定的收藏价值和品牌宣传功能。"淘宝人生"里所有的品牌都是真实的，人们把对自己的搭配想象实践在虚拟形象身上，从虚拟场景直接连接到实物商品购买页面，使用户在游戏中不知不觉就完成了付款，这种沉浸式的互动体验，让消费者在虚拟环境中获得了更具娱乐性和参与感的消费体验。

1955 年，第一家迪士尼乐园在美国洛杉矶开园。如今迪士尼乐园已在美国、法国、日本和中国等多个国家和地区建成运营，每个迪士尼乐园通常由主题区域划分构成，并配备游乐设施、娱乐表演、角色互动体验、美食和购物等功能板块。"企业以服务为舞台、以商品为道具，环绕着消费者，创造出值得消费者回忆的活动。其中的商品是有形的，服务是无形的，而创造出的体验是令人难忘的。与过去不同的是，商品、服务对消费者来说是外在的，但是体验是内在的，存在于个人心中，是个人在形体、情绪、知识上参与的所得。"[①] 迪士尼乐园作为全球体验式消费的代表，充分利用其品牌优势，通过构建沉浸式的主题场景和互动体验，吸引了大量的消费者。在迪士尼乐园中，游客不仅可以

---

① 派恩，吉尔摩. 体验经济 [M]. 毕崇毅，译. 北京：机械工业出版社，2016. 这段话引自王潮歌为本书作的推荐序《超越体验经济》。

消费票务和商品，还能参与丰富多彩的娱乐活动，如角色扮演、互动表演等。这种体验式消费强调通过情感连接、感官刺激和社交互动，让游客获得超越传统消费的价值感知。通过社交网络平台，游客分享自己的体验和情感，通过照片、视频等形式传播到更广泛的社交圈层中，进一步推动了主题乐园的品牌传播和口碑效应。

近年来，许多购物中心开始注重打造沉浸式购物体验，以吸引消费者长时间驻足。例如，某些购物中心将虚拟艺术展、互动装置等元素引入购物环境，创造出兼具娱乐性与商业性的空间。这些购物中心通过社交化的线上平台，如微信公众号、小红书等，发布关于活动和展览的信息，吸引用户参与和互动，进一步增强了体验式消费的社交属性。

时尚艺术体验：Gentle Monster 眼镜品牌

眼镜品牌 GM（Gentle Monster）成立于 2011 年，以"以独特艺术视觉重新定义眼镜"为品牌理念，精准捕捉了当代消费者对设计感与文化认同的需求，将眼镜从传统的功能性产品转变为时尚与艺术的象征，品牌强调"探索未来"的主题，通过先锋的设计语言和前卫的品牌形象吸引年轻消费者，尤其是追求个性化与艺术感的时尚圈层，每一季的产品设计都有对应的主题故事，例如以超现实主义为灵感的系列，将产品与品牌文化融为一体，为消费者提供了情感与艺术的双重认同。这种差异化的品牌定位为体验式消费打下了坚实基础，通过将消费者带入特定文化语境，激发了深层次的情感共鸣。

GM 的线下门店不是简单的零售空间，而是充满艺术氛围的体验场所。GM 上海旗舰店内部设计充满科幻感与超现实氛围，例如悬挂在空中的机械装置、模拟潮汐波浪的动态灯光、巨型艺术雕塑等。消费者置身其中，不仅能够挑选眼镜，更能感受到品牌传递的未来感与艺术感，随后 GM 又将门店复制到其他一线城市。主题概念店"十三月"以"时间"作为核心概念，通过时间静止的装置艺术与不规则的陈列方式，让消费者感受超脱现实的沉浸体验。除了视觉冲击，GM 还在门店中融入互动式装置和艺术展览，比如触摸式装置可以模拟眼镜佩戴后的场景变化；与知名艺术家的合作展，吸引了大量艺术爱好者和时尚博主打卡，不仅延长了消费者在门店的停留时间，还激发了他们分享体验的欲望，为品牌带来了更多的社交媒体曝光。

GM 的线下店铺因其艺术化设计成为社交媒体上的热门"打卡地"。消费者在店内拍照并发布到社交平台，形成了用户自发的口碑传播。在小红书、微博和 Instagram 上，"Gentle Monster"经常成为与时尚、艺术相关的热门标签，用户分享的不仅是眼镜本身，还有与门店体验相关的感受。通过超现实主义的线下体验空间、社交网络的精准传播和用户情感的深度共鸣，GM 不仅在竞争激烈的眼镜市场中脱颖而出，还建立了一个超越产品本身的品牌文化生态。其成功经验表明，在以体验为王的消费时代，品牌唯有通过独特的体验价值与消费者建立情感连接，才能实现可持续的发展。

随着消费者需求的日益多元化，体验式消费的形式也将越来越丰富，社交网络平台将继续发挥重要作用，推动品牌和消费者之间的互动更加深入。未来，品牌应更加注重通过提供独特的、沉浸式的、定制化的消费体验，满足消费者日益增长的情感和感官需求。

第三部分
广告创意

第五章

广告内容创意与营销

在一个整合得更紧密的社会中，个人不再以拥有物品来相争，而是在每个人的消费中，为了自己去达到自我实现。引导主题不再是选择性的竞争，而是每一个人都可拥有的个性化。与此同时，广告也不再是一个商业行为，而被当作一种消费实践的理论，并且是一个作为一整个社会建筑顶峰的理论。我们可以在美国广告理论家的言论中发现它的陈述（迪希特、马丁诺等人）。他们的论证过程是简单的：（1）有史以来，消费社会（物品、产品、广告）第一次提供给个人一个完全解放和自我完成的可能；（2）消费体系超越了单纯的消费而成为一种个人和集体的表达，它构成了一个真正的语言、一个新的文化。因此和消费"虚无主义"相对，发展出一个消费的"新人文主义"。

——摘自《物体系》①

---

① 鲍德里亚. 物体系 ［M］. 林志明，译. 上海：上海人民出版社，2019.

第一节　话题营销成为创意新贵

　　慕明春在《论广告艺术的审美特性》中说："广告是一种宣传商品的艺术，它本身首先是一种商品，其次才是一种艺术品。也可以说，广告自身的艺术价值是依附于它的经济价值而存在的。这就意味着，广告不是一般意义上的纯艺术，而是功利性很强的商业实用艺术，以艺术为包装，寓商业于艺术是广告艺术的根本特征。"① 现如今，打破常规的广告视觉艺术审美、推出各类无厘头的营销玩法在互联网盛行。话题营销是品牌围绕某一热点或用户关心的话题策划活动，以创造讨论氛围、引发消费者共鸣并促进互动的营销方式，甚至有时能够成为"营销黑马"，通过打造或参与品牌相关的热门话题，品牌能够迅速吸引大众注意力，形成高效传播，并在社交网络中激发用户讨论与参与，从而实现品牌曝光和产品销售的双重目标。话题营销的核心在于三点：一是能引发共鸣，话题必须贴近消费者的兴趣、情感或需求，能够激发他们的分享欲望；二是互动性强，话题需要通过社交平台的评论、转发、创作等形式促成消费者的积极参与；三是传播广，话题设计应具有高传播性和话题性，能够快速吸引受众关注并形成社交网络的扩散效应。

乱拳打死老师傅："老乡鸡"自杀式自救

　　"老乡鸡"前身为"肥西老母鸡"，是安徽最大的快餐连锁品牌，以 180 天土鸡与农夫山泉矿泉水炖制的肥西老母鸡汤为特色，主要以中式烹饪方式出品，服务于中国家庭日常用餐需求的中式快餐品牌。2020年 9 月 2 日，老乡鸡签约相声演员岳云鹏来担任代言人。

---

① 慕明春. 论广告艺术的审美特性［J］. 人文论坛. 2000（5）：153-156.

2020 年年初因疫情无法营业，餐饮行业遭受了重大的打击，老乡鸡品牌在疫情中危则求变，不仅成功度过了疫情期间的企业生存危机实现自救，还实现了品牌市场开拓的计划，下面将分析一下在疫情期间老乡鸡是如何绝处逢生的。

2020 年 2 月 8 日，老乡鸡董事长束从轩在视频中手撕员工降薪请愿书。2020 年 3 月 18 日，老乡鸡官方发布了一条"土得掉渣"的视频，宣称用了 200 元预算帮助董事长做了一场"史无前例的发布会"——2020 年老乡鸡战略发布会。两条视频推动老乡鸡微信指数增长到了 90 多万，远超西贝、海底捞等餐饮同行。

视频中，老乡鸡董事长束从轩表示，公司获得银行授信及战略投资共计 10 亿元，今年将加速全国布局，门店总数将突破 1 000 家，同时发布老乡鸡干净卫生战略全面升级，即将进军北京、上海、广州、深圳、杭州市场。因为这一条"花 200 元办的战略发布会"的视频，老乡鸡品牌一度获得全网关注超过 10 亿次，老乡鸡董事长束从轩也被一些网友称为"网红老板"。

老乡鸡在这几波营销传播中做对了什么？一是时间节点切得很准。在发布第一条视频束从轩手撕员工降薪请愿书之前，同样作为餐饮行业顶级品牌西贝筱面村董事长贾国龙在接受采访时发出对外呼救信息："没遇到危机的时候，我们还挺牛的，不缺钱，现金流足够。危机来了，我们突然发现现金流根本扛不住，1~3 个月就耗没了。我们贷款、勒紧裤腰带节约开支也就只够发三个月工资。"他甚至希望得到员工的支持（降低员工工资）。而这时"逆行者"老乡鸡带着手撕员工降薪请愿书的视频表示坚决不会降低员工工资，相反在此时还要做好线上员工培训工作。此时全国还有无数和老乡鸡一样困在家里担心没有工资收入的人，而老乡鸡"一撕"之下的壮举，赢得了这些人的共鸣。

二是老板与品牌调性统一。老乡鸡对标的是肯德基，肯德基做西方的"洋鸡"（炸鸡类食品），老乡鸡则立足中国家庭饮食习惯，以肥西老母鸡汤为主打特色，要做中国的家庭厨房。在第一个手撕员工降薪请愿书的视频中，老乡鸡董事长以朴实无华的形象，用实实在在的语言夹着几句当下网络热词，将老乡鸡面临的困难和即将采取的自救措施和员工、观众如唠家常般娓娓道来，赢得一拨观众的信任。在第二条"2020老乡鸡战略发布会"视频中，发布会的地点选在了农村，完全是村头开大会的场面，走中国乡土民风路线。束从轩从头至尾出现的形象始终代表着老乡鸡的品牌形象，他朴素的真人本色与老乡鸡品牌一致，"土感十足"却也足够真诚，并且在后面的营销和宣传中老乡鸡把这"土味"发挥到了极致。老板永远是企业最宝贵的 IP，是品牌最有价值的代言人。

三是在沟通时说了大家都听得懂的话和网络流行语。"雨我有瓜""正面刚""香菇蓝瘦""你看我还有机会吗""十万火急，在线等"等网络流行金句张口就来，束从轩在用一种大家都听得懂并且都是当下年轻人之间流行的沟通方式在对话。如果说他自身企业创始人的身份让观众获得了一份信任感的话，那么这种沟通措辞方式又向大众传达了老乡鸡是一个与时俱进的、包容开放的品牌。

四是老乡鸡选对了传播阵地。老乡鸡官方微博每日早晨的第一条便是打鸣报晓"咯咯哒"，做了一只公鸡应该做的工作，给人带来网络"云养鸡"的趣味性，经常有粉丝互动打趣，甚至签到打卡式监督"云打鸣"。准备进军北京之际，老乡鸡又"撩"起了相声演员岳云鹏。束从轩和岳云鹏选择微博为事件发生场所，隔空互相喊话，一来二去，岳云鹏就顺理成章地代言了老乡鸡。虽是计划中的营销，但也确实让网友乐呵呵地看了一场好戏。光是微博热搜就上了好几次，相关话题参与人数破十亿。不得不承认，老乡鸡真是一个自带"网感"的品牌。

超级 IP 联动：小米 200 万更新 logo

当然，借势未必要借行业第一的势。一些在某个行业具有声望和名字的人，其自身就是一个超级 IP。IP 赋能，品牌仍然可以泛起涟漪效应。

2021 年，小米发布新 logo。这款新 logo 由著名设计大师原研哉设计。

小米更换新 logo 一个月后，国内设计界大咖对新 logo 作出了讨论。

正邦创意（北京）品牌科技股份有限公司董事长陈丹：

"小米新 logo 以近圆且方的形态，展现了一种向外的、蓬勃难抑的生命力。从视觉与图形的角度看，新 logo 整体视觉更具亲和力，字母'a'处理得很特别，具有独特的识别与记忆性；品牌名启用中文拼音'xiaomi'更易于国际化传播，同时也是一次民族文化输出。"

上海华与华营销咨询有限公司董事长华杉：

"换设计很容易，负责任地继承很难。小米新 logo，继承了原来的品牌资产，又有很大提升。小米本身是一个很好的名字，MI 字标的设计也具备国际化识别、阅读和记忆功能，从名字到新 logo，都已经形成了巨大的品牌资产……"

设计师原研哉本人则在视频中如此解读小米新 logo 的设计理念：

"我是担任此次小米品牌识别系统升级的设计师，原研哉。我认为科技越是进化，就越接近生命的形态，因此，人类与科技是不断接近的。从这种观点，我提出了'alive'这一设计理念，以回应小米的企业理念。因此，本次新标识的造型设计，不仅针对形状，更是针对内在的精神，可以说这是由'alive'概念推导出的理想图形，极具实用性。

小米的新标识应该是怎样的形状？对此，我对正圆形到正方形之间的各种形状做了验证。在验证的过程中，我遇到一个数学公式，若将各种变量 n 代入这个数学公式的话，会呈现出从正圆形到正方形的各种非常美丽的形状，这个过程让我感受到数学的魅力。经过各种对比，我最终采用 $n=3$ 这一数值所呈现的形状，我认为这是介于圆形和正方形中间、造型适中且最适合体现'alive'要素和性质的图形。并且，经过对新标识中的文字曲度各种各样的验证，我找到了与外轮廓相匹配的文字形状，在这里介绍的新标识，就是最终形状。

在设计新标识的同时，我还重新设计了'xiaomi'字母 logo，也是与新标识外轮廓相呼应的。在使用的时候，标识和字母 logo 分开使用是效果最好的，对于品牌形象我们建议只用品牌标识，对于更高精度的智能手机之类的设备，使用字母 logo 的效果更好。

另外，我非常重视小米原有的品牌颜色——橙色，因此会继续把它作为企业品牌颜色来使用，同时，我设置了黑色和银色作为辅助色，应用在高科技产品上。我还设计了动态标识的形状，因为生命通过在环境中的不断运动，始终保持着一种平衡状态和个性，这也是生命本身的样子。所以我认为，可以把这个融入小米的动态标识中去。对于变化的环境，标识也要与之相适应，即使是印刷品，标识也不是固定在四角，而是漂浮定位在最合适的地方，标识是动态的，即使它停止时，也从来不是完全静止的，而是以一种浮游感的状态存在的。我希望在小米的品牌视觉中，融入东方哲学的思考。"

此版 logo 一经发布，网友们关注的不是新 logo 的设计，而是替小米 CEO 雷军叫不值！200 万元的设计费就是 logo 外形变圆了？但是从品牌和商业价值的角度来看，这 200 万元，花得超值！

先来看原研哉是谁？原研哉，日本中生代国际级平面设计大师，日本设计中心代表，武藏野美术大学教授，无印良品（MUJI）艺术总监。曾服务过的品牌有美即面膜、伊势丹、味之素、银座松屋百货、竹尾花纸、米其林车胎、华高莱内衣与历家威士忌酒等。埃因霍温设计学院主席、趋势预测联盟潮流分析师李·埃德尔库特称他是"一个自阴影和黑暗中成长起来的真正的日本创意家"，他的设计是"尊严的设计，一种轻声低语的价值系统，通过所有感官穿透人的头脑"；麻省理工学院媒体实验室副研究主任前田约翰评价他的作品"是直接系于一个非英语国家的语言和文化之上的""在一种可感知的'日式简单'的文化中，他揭示了一种存在于禅式之'无'中心的，极其深刻、复杂而有意义的'有'"①。在国际享有盛誉的原研哉亲自操刀为小米品牌做设计，单是

---

① 原研哉. 设计中的设计［M］. 纪江红，译. 桂林：广西师范大学出版社，2010.

从设计师个人品牌声誉赋予品牌的设计价值，都远远超过了设计的本身。小米花了 200 万元，完成了一次 2 000 万量级的营销！带有"#小米新 logo"标签的话题在微博阅读次数 2.9 亿，讨论次数 4.6 万，参与原创发言人数 6 054 人。在抖音上，以"#小米新 logo"为关键词的话题视频最高达到 2.1 亿次播放量。

《参与感：小米口碑营销内部手册》一书作者总结出小米品牌快速构建用户参与感的方法论：

"构建参与感，就是把做产品做服务做品牌做销售的过程开放，让用户参与进来，建立一个可触碰、可拥有，和用户共同成长的品牌，我总结有三个战略和战术，内部称为'参与感三三法则'：三个战略：做爆品，做粉丝，做自媒体。三个战术：开放参与节点，设计互动方法，扩散口碑事件。"[①]

小米新 logo 的热点事件正是沿袭了小米一贯的营销打法。好风凭借力，小米链接国际顶尖设计大师原研哉，加上破圈的高热度讨论，新十年的开始小米便在大众心目中建立了一个新的品牌形象。新的十年，恰逢小米新的一轮品牌升级，原研哉设计的 logo 只是品牌视觉的外显，更重要的是要去读懂设计师的设计理念，"科技越是进化，就越接近生命的形态"，这正对应着小米的新十年主题"生生不息"。由设计大师为其站台的小米，更能吸引一批愿意为产品设计美学买单的消费者。

2025 年，小米品牌依然没有改变使用话题营销，一个"Are you OK"的梗甚至可以玩十年。2015 年 4 月 23 日，小米在印度新德里举行的小米手机 4i 发布会上，创始人雷军以浓重的口音和明显的语法错误多次用英语问候观众："Are you OK?"这一幕被网友制作成短视频，迅速在网络上走红，成为流行语和文化现象。小米官方随后推出印有"Are you OK"的 T 恤商品，进一步扩大了话题的影响力。现在在雷军个人账号的评论下，经常出现网友的评论"Are you OK"和相关表情

---

① 黎万强. 参与感：小米口碑营销内部手册 [M]. 北京：中信出版社，2014.

包。当雷军在网络发布新品使用的视频时，网友也不断打趣"千亿总裁教我泡咖啡""千亿总裁给我拜年"等新梗。作为一家科技公司，小米通过这些话题营销梗，增强了与消费者的互动性，也通过幽默与创新打破了传统的营销方式，加强了品牌的年轻化和亲民化。

第二节　用户参与广告生产

在数字化浪潮席卷下，广告行业经历了从传统的单向传播模式到如今的互动共创模式，广告不再仅仅是品牌传递信息的工具，而成为用户主动参与、共同塑造品牌价值的重要场域，用户参与广告生产这一趋势，赋予了品牌更多元的表达形式，同时也重新定义了广告与消费者之间的关系。

消费者行为与企业的发展及社会形象是否有关联？文章《消费者社会责任是否增加了企业社会责任：从利益相关者理论的角度对外部利益相关者的相互分析》以中国企业为研究对象，立足于利益相关者理论采用双向互动的视角，首先定义企业外部利益相关者——消费者，然后将消费者社会责任作为中介变量，以社会责任为调节因子，教育作为调节因素，使用 SPSS 和 EXCEL 软件进行数据分析和信度检验，最后得出结论：消费者社会责任对消费者满意度和消费者留存度有正向调节作用，有助于建立更好的组织[①]。消费者也是企业不可或缺的利益相关者，与企业形象和品牌建设密切相关。

长期以来，广告的创意和生产主要由专业团队主导，消费者只是信息的被动接收者。然而，随着社交媒体、短视频平台和创作工具的普及，普通用户的创造能力被大幅释放，观众不再满足于简单地观看广

---

① TIAN H. Does consumer social responsibility augment corporate social responsibility: a reciprocal analysis of external stakeholder from stakeholder theory perspective [J]. Eco-Management and Auditing, 2023, 30 (2): 11.

告，而是希望参与其中，成为品牌传播的一部分，用户的角色从消费者转变为共创者，为广告注入新鲜的创意。蹭热点大师的杜蕾斯（Durex）在微博平台上的创意营销是频频邀请用户参与话题讨论或创意征集，其以"金句"见长的文案常由用户投稿改编而成，既增强了品牌与用户的互动，又利用了 UGC 的力量，极大提升了广告的传播力和共鸣感，观众与其说是在看杜蕾斯的广告，不如说是在看其他网友在评论区的爆梗。

越来越多的品牌意识到，用户的参与能够极大地提升广告内容的真实性与亲和力。通过发起挑战赛、征集创意短视频等形式，品牌为用户提供了展示平台，同时有效利用了"口碑传播"效应。

klee klee 与朋友们

2017 年 1 月，klee klee 的第一家独立门店在上海安福路开业。klee klee 在藏语里是"慢下来"的意思，作为一个全新的环保品牌，设计团队始终坚持使用对环境低消耗的环保原料、探索降低污染的环保染色工艺，从可降解包装到循环利用的纽扣，设计生产中的每一道工序都尽可能地减少对地球环境的伤害，旨在探索自然与人平等相处，相互尊重的生活方式。2022 年年初，klee klee & friends 在上海上生新所开业。klee klee & friends 是一家可持续生活商店，除了服装，也关注不同领域的可持续实践，探索人与自然平等共处、相互尊重的生活方式；希望食有其味，用得长久，穿着舒适，在城市中践行适度的生活，同时对自然有所觉知。

2024 年，klee klee 微信公众号推出了"旧衣服，新穿搭"活动，发布了《旧衣新穿：让温暖的陪伴更长久》文章，邀请了消费者一起用旧衣服作新的搭配。受邀者是两对母女：一对是建筑师及研究员郑眹及其女儿，一对是翻译及作家陈寅蓉及其母亲靳萍，覆盖了老、中、幼三个年龄段。他们分别对曾购买过的 klee klee 品牌服装进行搭配，让人感受到原来一件衣服可以陪伴人很多年，最终提出"旧衣服记录着我们的回忆，也连接着身边重要的人，希望旧衣新穿可以让这份温暖和陪伴持续得更久一些"。这些内容被整理成系列广告短片，在社交媒体播放，形成品牌与用户的双向互动，实现了用户深度参与广告生产，提升了品牌忠诚度和广告传播力，同时优化了成本效益。

支付宝 20 周年"时光二维码"

支付宝 20 周年"时光二维码"广告案例是一次典型的用户参与共创的营销实践，通过征集用户的老物件、构建情感化叙事、线上线下联动互动，实现了品牌与用户的情感共鸣与价值共创。支付宝通过公开征集用户的老物件（如旧车票、U 盾、手写账本、蚂蚁森林木牌等），将用户的生活记忆转化为广告内容的核心素材。这些物件作为个人历史的见证，更是中国数字化进程的缩影。装置选址浙江图书馆，融入城市公共空间，吸引路人驻足拍照并分享至社交平台。广告通过将老物件作为拼图的元素，唤起观众对过去的回忆，特别是对于"80 后"和"90后"观众来说，老物件是与他们成长过程密切相关的物品，怀旧情感能够与消费者建立情感连接，从而强化品牌的亲和力和情感价值。在这个广告中，老物件和二维码之间的结合，形成了对比和冲突，但又是一种有机融合。二维码代表现代科技和数字支付的便捷，而老物件则代表过去的时代和生活方式。这种冲突的结合，通过创意视觉表达，体现了支付宝在过去 20 年间从传统支付手段到数字支付的转变，也代表着品牌的跨越性进步。老物件的"怀旧感"与二维码的"科技感"形成反差，激发用户自发传播，同时装置本身具备强互动性：用户扫描二维码可查看展品背后的故事，甚至通过支付宝 App 可生成个人专属回忆（如注册时间、支付次数等数据），并颁发趣味"奖状"（如"支付宝宝总""地球卫士奖"），将用户行为数据转化为个性化叙事，强化了参与感与归属感。每个物件背后承载的个人故事通过温情细节，将支付宝品牌塑造为"生活陪伴者"而非技术提供方。虽然广告着重回顾过去，但它同时也传达了支付宝继续创新的信号。通过这种"时光"的串联，支付宝向用户表达了品牌的持久性与未来的发展潜力——无论是科技的不断进步，还是其在日常生活中日益重要的地位。

用户参与共创的前提之一是能够联结个体的集体记忆。集体记忆指的是一个群体（如社会、文化、国家等）共同拥有的历史经验、价值观、文化符号等，这些记忆通常通过语言、传统、符号和社会行为等传递并保持。集体记忆是群体身份的核心，对个体的认同和行为产生深远影响。

用户参与广告共创的关键在于品牌与消费者之间的互动，尤其是在整个过程中，品牌如何调动和联结消费者的集体记忆。具体来说，集体记忆作为共创的前提，体现在以下三个方面：

第一是情感共鸣：当品牌能够唤起集体记忆中的共通符号、事件或情感时，消费者会产生强烈的共鸣，这种共鸣是促使消费者愿意参与共创的基础。比如，使用某种象征性的老物件、历史事件或文化符号，可以勾起消费者的过去记忆，激发他们的创意和参与感。

第二是身份认同：集体记忆塑造了群体的身份认同。在品牌营销中，调动这些共同记忆，可以帮助品牌与消费者建立更深的情感连接，当品牌的创意能够反映出消费者群体的集体文化和共同经历时，消费者更容易接受并愿意参与创作。某些怀旧广告通过再现经典的文化符号或场景，使得消费者感受到品牌对其文化记忆的尊重与认同，从而激发他们的参与欲望。

第三是归属感和互动：共创不仅是单纯的参与，还是一种在品牌文化中找到自己位置的过程。集体记忆通过情感和历史的链接，创造了一种归属感，促使用户更加积极地参与品牌的创意过程，用户不仅是产品的消费者，也是文化和创意的贡献者。

在营销和品牌建设中，品牌通过调动消费者共同的文化记忆、情感经历以及身份认同，能够激发他们的创作激情和参与欲望。这种共创超越了产品的开发，更是品牌文化和用户关系的深度融合。因此，联结集体记忆对于品牌营销和用户参与共创至关重要，它是品牌与消费者建立长久连接的纽带。

第三节　场景化内容营销

场景化的内容营销是一种基于特定情境或用户体验设计的营销策略，通过模拟真实或理想化的生活场景，拉近品牌与消费者之间的距离，从而提升用户的代入感与购买欲望。这种策略将产品或服务自然融入特定的场景中，引导消费者从情感和实际需求的角度理解其价值，以达到品牌传播和市场转化的目的。例如宜家（IKEA）家居品牌还原生活场景，通过线下门店的家居空间布置和线上"理想生活方式"的短视频展示，将产品融入日常生活场景，激发用户对家居设计的想象力和购买欲望。宜家全球新闻总监认为："人们只会买适合自己家的产品，而不会买一个看上去孤零零的东西。"同样的，像红星美凯龙之类的大型家居品牌，都倾向于打造一个个样板间，让消费者在实景中进行选择。天猫超级品牌日在双十一或其他节日活动中，通过场景化广告和直播秀，营造"人-事-物-场-境"五合一的购物狂欢氛围，吸引用户参与并完成购买。

《绿野仙踪》的作者鲍姆除了写童书，年轻时还在剧院工作，撰写剧本和排演戏剧，与此同时，鲍姆也是一位商品推销员。基于他讲故事和导戏的经验，鲍姆将舞台布置的方法应用到商品的橱窗展示当中，并在 1897 年推出了第一期《橱窗》杂志，专门讲如何吸引消费者，甚至在 1898 年鲍姆成立了全美橱窗设计师协会（NAWT）。

"然而，《橱窗》上面最基本的信息都与商品本身有关：用最好的艺术来'唤醒观察者的贪婪及其拥有商品的渴望'。他似乎对贪婪持有一种宽容的态度。毕竟，哪家成功企业取得成功不是依靠人们的贪婪？

他似乎对商品的内在价值并不感兴趣（这一点与很多商人不同）；相反，他把注意力放在了商品'看上去'的样子，也就是它们的'卖点'上。最重要的是让人们去购买。他预测，只要商品'得到恰当的展示'，'展示橱窗就会让它们迅速畅销，哪怕（商品）已经老旧得都要长出白胡子了'。

鲍姆劝告商人，不要像过去那样把商品满满地挤在橱窗里，而是要从中加以挑选。鲍姆说，不要只是把灯和锡罐摆在那里，而是要让它们'动起来'，就像舞台上的人物一样。《橱窗》反复琢磨戏剧主题，寻找'潜藏在美丽商品中的可能性'；思考如何'高雅地展示一条围裙'，如何调整灯光照明以把橱窗加宽加深；如何'组合出各种色彩，进行奢华的展示，以愉悦人心'。'在荣耀之光中展出商品'，让它们看起来就像珠宝一般。"①

这一妙招在大牌商品营销中继往开来，品牌投入更多预算到商品展示当中。过去品牌发布新品，大多通过发布会、展会的形式，而先进的时尚品牌尤其是大牌护肤品牌，更倾向于使用沉浸式快闪展览的形式，能更好地融入城市空间和潮流人士的生活方式当中。

路易威登"梦幻之旅"展览

2024 年 2 月，奢侈品牌路易威登（Louis Vuitton）在泰国曼谷的 Gaysorn Amarin 文化中心举办了"梦幻之旅"展览，展览由 OMA 建筑事务所设计，通过五个主题房间——"树干景观""起源""标志性袋子合作"和"纪念品"构建品牌历史与创新精神的叙事空间。例如，"树干景观"展厅以 96 根树干组成拱门，象征品牌旅行箱的工艺传承；"合作"展厅通过 184 个镀铬包袋打造镜面反射环境，强化未来感。整个空间利用光影、材质对比和空间布局营造沉浸感，如纪念品室以"超

---

① 利奇. 欲望之地：美国消费主义文化的兴起［M］. 北京：北京大学出版社，2020.

大型自动售货机"形式呈现，结合曼谷夜市灵感，增添趣味互动。"梦幻之旅"展览融合建筑美学与互动装置，以先锋艺术叙事重构品牌基因，成为文化价值与商业空间共振的标杆场域。展览通过解构主义建筑语言搭建起时空对话的通道——既是对品牌历史基因的解构，又是对未来创新边界的探索。在沉浸式艺术场域中，光影交织的空间语言与虚实交融的视觉张力，使观众在穿梭展区时同步感知百年工艺的厚重积淀与数字美学的颠覆性表达，最终达成品牌精神与建筑美学的双重觉醒体验。

观夏（To Summer）：老建筑中演绎东方新摩登

观夏作为中国本土高端香氛品牌，通过场景化营销重构了香氛消费的体验边界。其核心策略在于将产品与东方美学、在地文化深度绑定，以"空间叙事+内容共创+情绪共鸣"的组合拳，打破传统香氛门店选址逻辑，选择具有历史沉淀的老建筑，将门店转化为"可触摸的文化地标"，构建出沉浸式的消费场景。北京国子监店修缮了清代四合院，保留百年枣树、古井等元素，通过"柱阵光影""雨链垂井"等设计，将东方庭院的静谧感转化为嗅觉体验的物理载体；上海武康路老洋房，还原民国时期智识女性的书房场景，陈列旗袍丝绸、台灯钟表，甚至撤去大部分商品，仅保留与上海文学相关的香氛和女性作家书籍，强化"自由与想象"的主题。观夏将门店视为"移动的文化实验室"，将东方美学转化为可感知、可参与、可传播的消费体验。品牌以"中国甜""昆仑煮雪"等系列产品为主，将松、桂、竹等东方植物转化为嗅觉符号。例如，"颐和金桂"还原北京秋日的桂花香，"苦尽橙"以陈皮、佛手柑呼应中式茶饮场景，让香气成为记忆载体，与门店交相辉映。

TX 淮海国际潮流文化体验展

在品牌进行年轻化升级的同时，商业空间也在通过潮流文化展的形式，将展览艺术融入空间运营当中。2021 年 1 月，上海 TX 淮海发起 INNER X 特别企划，首次将潮流会展引入创新体验零售与沉浸艺术融合，TX 淮海一直以年轻力中心为发展定位，虽然商场占地面积不大，但惯用新颖的展览、艺术、品牌发售打破原有的物理空间框架，并引入一些国内外年轻的潮流品牌，因此在周末假日吸引源源不断的年轻人来休闲打卡。例如，3M 品牌发布冬季新款羽绒服时，通过舞台空间置景的方式，使用棉花、玻璃框、树枝、模型等材料搭建出雪日场景，更艺术化地展示了 3M 品牌羽绒服高效暖绒的保暖功能。

梵克雅宝：时间、自然、爱

"Van Cleef & Arpels 梵克雅宝：时间、自然、爱"典藏甄品回顾展曾于意大利米兰一展风华，2022 年 3 月再次携手策展人 Alba Cappellier 与美国设计师 Jhonanna Grawunder，在上海当代艺术博物馆展出 300 件世家臻品，再现 20 世纪世家的迷人风潮和不朽魅力，在光影与色彩的唯美之境中，解读时间，致敬自然，诠释爱情。品牌通过举办艺术展览的形式来进行品牌形象和产品形象的再次包装，用文化符号实现品牌增值，提升消费者对品牌的良好印象，营造出充分艺术氛围和神秘气息的消费空间。

CYBER COFFEE：赛博朋克风咖啡馆

上海作为全球拥有最多咖啡馆的城市，有两个沿着延安高架两侧的咖啡馆聚集区，一个在黄浦区，另一个在徐汇区。CYBER COFFEE 是一家坐落在徐汇区襄阳南路 175 号的网红咖啡店，于 2021 年夏天开业，店内装修以未来科技感为主题，人们一进门就仿佛进入了上下打开的太空舱，店内置用全透明桌椅，以及真人身高钢铁侠模型展台，点单屏幕界面是霓虹流线型线框，咖啡制作由机械臂完成，一杯咖啡从点单到制作基本 5 分钟左右。在元宇宙概念爆火之年，这样的科技主题网红店吸引了许多猎奇人士和网红来打卡，喝上一杯咖啡的同时也能拍上氛围感大片。CYBER COFFEE 也被大众点评网评为 2021 年度上海市首届"最具人气星级咖啡厅"网络评选大赛第二名。

实体店可以为消费者构建一个真实的消费空间，在这个空间里，消费者可以通过自己的听觉、视觉、嗅觉和触觉来感受商品，获得更加真实的体验效果。而品牌空间的升级为消费体验营造出情感上的享受，上海的大宁国际商业中心引入艺术装置，用更加社区化的场景来链接附近的居民，最终大宁国际商业中心的场景体验营销策略也为大宁国际商业中心带来了良好的人流量和业绩。

朝日唯品

朝日唯品的核心产品是牛奶。朝日唯品在上海安福路开设线下空间，品牌不只是提供一个单纯的零售或展示空间，而是创造了一个互动式体验的场所。这种空间不仅用于展示和销售产品，还承载了品牌的文化活动和创意展示，使得消费者能够身临其境地感受到品牌的生活方式和价值观。通过参加凡几集市、咖啡节，品牌与当地特色集市和节庆活动相联动，展示了其与消费者生活方式的契合度，并通过市场活动拉近与目标消费群体的关系。夏日早餐店则是另一种创新性的场景营销：开设街头早餐店，品牌将产品带入消费者的日常生活中，提供了一个既实用又有趣的体验。在这里，消费者既可以购买品牌的产品，也可以参加积分兑换等活动，积分可以用来兑换早餐与早午餐。这种策略能够激励消费者持续参与并增加购买频次，也增强了消费者的参与度和品牌忠诚度。

"理想早晨"作为一种情境，不仅是时间上的设定，而且是充满象征意味的情感符号，它与消费者的日常生活息息相关，却又承载着更深层的个人憧憬和生活理想。在朝日唯品的营销中，这一情境被赋予了更为深刻的内涵。传统的早餐营销往往聚焦于食物本身，比如牛奶、面包、鸡蛋等常规的早餐元素，而朝日唯品却通过对"早晨"这一时间段的深度挖掘，打破了这种局限，延伸至个体自我表达和生活理想的层面。理想早晨不仅仅是"吃早餐"那么简单，它包含了个体对健康、舒适、品质的追求。

朝日唯品通过生活方式的投射，使得消费者能够通过品牌体验到他们心中的"理想早晨"，享用朝日唯品产品的同时，他们也在表达自己对健康、舒适、品位的追求，成功让"理想早晨"这个象征性元素与消费者的生活方式紧密相连。

场景化营销的成功往往依赖于对用户生活的深刻洞察。通过精准理解消费者的需求、偏好、情感诉求，以及他们在不同生活场景中的行为和情绪反应，将品牌融入他们的日常中，成为他们生活的一部分。通过对这些细节的敏锐观察和理解，品牌能够提供更有价值的产品体验，并通过情感连接和生活方式的融合，提升品牌的竞争力和市场忠诚度。最终，品牌不仅能满足消费者的需求，还能成为其生活中不可或缺的元素，进而实现深度的市场影响力。

第六章
广告的全球化与本地创新

　　世界社会的兴起已经是一种普遍感知的经验现象。技术带来的流动性使人口、知识、信息、货物、金融能够在全球流动；人与人的交往也不再局限在小地方，而是在全世界范围发生；由周、月所构成的年历成为人类的共同时间框架，气候和生态的恶化对全球产生的影响使人类感知到大家生活在同一个空间；体育比赛、自然灾害、战争、节庆、明星演艺等频繁地作为世界事件发生与传播——越来越多的关系和事件是发生在世界上，人类也广泛地对此形成了共同意识，这就是涂尔干意义上的实体存在与集体意识共存的"社会"，并因其发生在世界范围，名副其实就是"世界社会"。

——摘自《区域国别学的对象论：世界社会的视角》①

　　① 高丙中. 区域国别学的对象论：世界社会的视角［J］. 中央民族大学学报（哲学社会科学版），2024，51（2）：26-34.

第一节 全球视角下的广告创意

在全球化背景下，广告创意不仅是单纯的商业表达，更是文化交流与价值观传播的桥梁。成功的广告创意需要深刻理解目标市场的文化与消费者需求，同时保持品牌核心理念的一致性，通过技术和创意的结合，在全球范围内赢得认同与共鸣。全球广告内容创意的综合特征与趋势可以分为三类：

1. 情感表达关注人类的共同体验，使广告跨越文化界限

全球视角下的广告创意重视通过情感诉求突破文化和语言的障碍，利用普遍的情感主题（如亲情、爱情、友情）引起观众共鸣。这种广告强调人与人之间的联系，打造温暖而有力量的品牌形象。

苹果的广告片《惊喜（The surprise）》发布于圣诞节期间，以"家庭团聚"和"思念亲人"为主题，讲述了两个孙女用 iPad 为丧失配偶的祖母制作了一份特别的纪念礼物，帮助祖母回忆与祖父的美好时光。叙事上广告片以孩子天真烂漫的视角，展示他们用 iPad 收集老照片并制作电子纪念册的过程。广告中的真挚情感从孩子开始行动到祖母收到礼物后泪水涟涟层层递进，最终引发观众的共鸣。广告没有直白地宣传技术参数，而是通过情感故事强调 iPad 的"易用性"和"联结力"，使技术成为情感表达的载体，而非冷冰冰的工具。《惊喜》是一则情感与技术完美结合的广告，温暖动人的叙事展现了苹果产品的核心优势，同时传递了品牌的人文关怀，展示了"以情动人、以技服人"的创意策略，强化了苹果"技术与人性结合"的品牌理念。

2. 社会责任彰显品牌的文化价值，塑造积极的社会形象

现代广告超越了单纯的产品宣传，开始承担社会责任，通过倡导平等、包容、环保等主题，体现品牌对社会议题的关注。这种创意策略使品牌与消费者的价值观产生共鸣，提高了品牌忠诚度。

2016 年，美国国家橄榄球联盟（NFL）球员科林·卡佩尼克（Colin Kaepernick）因在奏国歌期间跪地抗议警察暴力和种族不平等而引发争议。尽管他的行动引发支持与批评并存的社会反应，但耐克选择在 2018 年以卡佩尼克为核心推出《为梦想而疯狂（Dream crazy）》广告，广告中展示了不同背景的人士，包括身体残疾的运动员、来自边缘社区的年轻人等，传递了多样性与平等的价值观。其中引用卡佩尼克的经典台词——"相信某些事物，即使意味着牺牲一切（Believe in something, even if it means sacrificing everything）"，主题紧紧围绕"突破极限，实现梦想"的普世理念，鼓励观众超越社会束缚、追求自我价值。

广告发布后，成为社交媒体热点话题，"#Just do it"标签在推特上迅速传播。尽管广告引发了争议，但其讨论热度极大提高了耐克品牌的关注度。数据显示，广告发布后，耐克的在线销售额增长了约 31%，证明了其争议性内容对目标消费者产生了积极的商业影响。广告巩固了耐克在支持社会平等、包容性与多样性上的形象，增强了品牌对年轻一代消费者的吸引力。耐克一直以来以"Just do it"为品牌口号，这则广告则以更强烈的社会责任感为这一品牌口号注入了新的内涵。《为梦想而疯狂》不仅是一则广告，更是一场品牌与社会议题结合的文化运动，通过支持卡佩尼克和反种族歧视运动，耐克展现了对社会公正问题的深刻关注，同时强化了品牌的核心价值观。这种勇敢的市场策略不仅增强了品牌形象，也实现了显著的商业成功，成为全球广告创意与品牌战略的经典案例。

3. 可持续发展呼应全球绿色经济趋势，为品牌注入前瞻性与责任感

在全球范围内，可持续发展成为广告创意的重要主题，品牌通过传递环保理念和展现实践行动，向消费者展示其对未来的责任感。这类广告不仅帮助品牌履行社会承诺，也激发消费者的绿色消费意识。

随着全球对气候变化和环境问题的关注加剧，可持续发展成为企业营销和品牌塑造的重要方向。宜家作为家居领域的领导品牌，致力于推动环境友好的产品和生活方式。宜家的《为美好做出改变（Change a Bit for Good）》广告旨在以日常生活为切入点，倡导普通家庭通过简单、易于实现的改变，为环保和可持续发展贡献力量，通过真实感和实用性，引导消费者将环保理念融入日常生活，同时展现了宜家在可持续发展领域的承诺。广告中展示了普通家庭的日常生活场景，如厨房、客厅，强调环保与日常生活的紧密联系，让观众更容易代入自己的生活。画面中多次出现宜家的环保产品，如可重复使用的购物袋、节能灯泡、节水龙头等，让消费者看到这些改变是可行的、触手可及的，再通过简洁直白的语言传递环保信息，"每个人都可以改变一点点"的广告语，使观众感受到环保行为的可操作性和易实现性。广告中的环保主题和家庭场景具有普适性，能够引起不同地区观众的共鸣，这条广告可圈可点的地方在于，宜家在不同国家推出的版本中，调整了具体产品的展示和场景的细节，如在亚洲市场可能突出节能灯和垃圾分类，而在北欧市场可能强调可持续材料的使用。

这则广告契合了消费者对绿色消费的期待，以"微小改变"传递"宏大影响"的理念，通过温暖真实的叙事，将宜家的可持续发展策略融入日常生活场景，在有效传递环保理念的同时进一步巩固了宜家在全球市场中的品牌定位，成为环保营销的经典案例。

在全球化的背景下，广告创意不仅是商业信息的传播工具，更是连接不同文化与价值观的桥梁。成功的全球广告创意需要在深入理解目标市场文化和消费者需求的基础上，融入品牌核心理念，通过情感打动人心、承担社会责任和倡导可持续发展，构建具有普遍吸引力的内容，从而实现跨文化的认同与传播。广告不仅是品牌传播的利器，更是推动社会进步和文化交流的催化剂。

第二节　中国市场的广告文化生态

广告文化是商业的具体实践，也是民族文化和社会身份的表达。从传统媒体到数字媒介，从单向传播到互动参与，中国的广告市场以其丰富的文化内涵和迅猛的发展速度在全球独树一帜。从广告的商业传播中可以窥见社会文化和技术进步的缩影。

中国市场的广告常常通过深刻的文化符号和情感共鸣触动消费者。每年的春节广告几乎成了品牌展现文化认同感的竞技场，支付宝每年春节的集五福活动将传统的春节红包文化与现代数字支付技术结合，成功强化了品牌的家庭情感定位。

同时，中国广告也在重新塑造全球化与本土化的关系。在国际品牌进入中国市场时，本土化策略尤为关键。耐克在其广告中融入中国年轻人热衷的运动文化元素，通过说唱音乐、街头篮球等主题赢得了广泛的认同，一些国产品牌也通过国际化的广告语言向外输出中国文化，如李宁以"国潮"元素为核心，在国际舞台上重新定义服装的"中国制造"。

一、国潮文化消费下的东方符号

近几年，随着国潮文化的兴起，国货品牌逐渐崭露头角，消费者对国风文化的喜爱和认同感显著提升，这也推动了广告行业视觉风格和内容的转型，越来越多的品牌在广告中融入传统文化元素，如山水画、书法、剪纸、刺绣等，将这些传统艺术形式与现代设计语言结合，形成了具有辨识度的"国风广告"风格。

这种变化不仅表现在广告视觉设计上，还体现在叙事内容和品牌定位上。一些品牌通过讲述中华传统故事、引用经典诗词、展示非物质文化遗产工艺等方式，拉近与消费者的文化情感距离，同时提升了品牌的文化底蕴和附加值。此外，国风广告常通过突出"匠心""传承"等主题，营造出一种品质感和文化自豪感，吸引更多年轻一代消费者的关注。品牌通过将传统韵味与现代时尚巧妙融合，使广告内容超越了简单的产品展示，成为传递文化自信和生活态度的重要载体，数字技术与互动媒体的运用，让国风广告得以在虚拟与现实之间架起桥梁，使消费者在沉浸式体验中感受到历史的厚重与当代审美的碰撞。

这一趋势表明，国潮文化消费已经深入文化认同层面，成为重塑品牌形象和商业价值的重要力量。美国运动品牌阿迪达斯 2021 年第二季度财报显示，阿迪达斯在全球其他地区的销量都在增长，唯有在中国的业绩有明显下滑，收入跌幅达 16%。时任阿迪达斯 CEO 的斯珀·罗斯特解释了出现这一现象的原因——中国的消费者更偏向选择本土品牌。越来越多的人抢购李宁、安踏、鸿星尔克，消费品牌偏好转移导致阿迪达斯业绩下滑。

2018 年年初，李宁登陆纽约时装周，与往日产品不同，汉字元素加上复古艳丽的色彩搭配，走秀卫衣、悟道系列球鞋等单品为李宁推开了时尚界的大门。同年 6 月的巴黎时装周，李宁再次将"大哥大""体操服"等元素带出国门。2019 年的秋冬纽约时装周，李宁以"行"为主题，带来秋冬系列产品，融入大量的中国传统文化。此后李宁多次与敦煌博物馆及红旗、宝马等品牌跨界联名研发新品，彻底从一家老牌运动公司华丽转型为"中国潮牌"。2025 年蛇年限定系列以绿色与金色象征生机与财富，将生肖文化与运动潮流结合，推出飞电 5ULTRA、赤兔 8PRO 等爆款，强化"文化+运势"的消费心理联结。当一众品牌还在花巨额营销费找流量明星代言时，李宁大胆跨界，与带有明显中国符号特征的文化单位和行业进行联名合作，快节奏地推出国潮新品，吸引了大批年轻消费者，成为"新国货"的代表品牌。

国潮指"中国风+潮流文化"，是中国传统文化元素与现代潮流风尚的巧妙结合。在国潮产品的设计实践中，"形变意存"成为符号转译的核心法则。苏州博物馆将明代文徵明手植紫藤的种子制成文创产品，通过二维码技术将实体种子与数字艺术展相连接，实现了植物符号从物质载体向数字媒介的转化。这种转码不是简单的元素拼贴，而是构建起传统与现代的时空对话机制，使静态的文化符号获得动态的传播势能。

符号的现代化转译遵循"陌生化"的美学原则。李宁运动鞋将云雷纹解构重组，通过参数化设计形成具有未来感的几何图案，让传统纹样在解构中焕发新生。这种设计策略打破了符号的固有认知框架，在熟悉与陌生之间创造审美张力，使古老符号获得进入现代生活的通行证。

消费空间本身正在演变为文化符号的剧场。西安大唐不夜城从传统商业载体蜕变为中华文化符号的动态剧场，通过仿唐建筑集群与数字光影技术，构建起历史真实与虚拟想象交织的第三空间，街区不间断的演出将千年历史浓缩为可消费的瞬时体验，游客在"穿越"中完成对文化符号的仪式化吸收。

消费行为转化为文化赋权的仪式，在故宫口红的热销现象中，是指消费者通过购买行为参与文化传承的现代仪式。彩妆外壳上的宫廷纹样不再是简单的装饰元素，而是转化为文化自信的物质载体。这种符号消费构成了个体参与文化复兴的微型实践，在日常生活层面重建文化主体性。国货崛起的大环境也驱动着品牌升级，人们对产品的要求更加严格，质量须考究，颜值也要吸睛，软硬实力齐头并进，如国货美妆品牌完美日记和花西子，则是同时在产品的质量和外观上下足了功夫。

完美日记创立于 2017 年，致力于探索欧美时尚趋势，同时结合亚洲人群的面部和肌肤特点，为新生代女性研发一系列高品质、精设计、易上手的彩妆产品。完美日记主张美不设限，倡导年轻一代不被外界标签束缚，而是努力突破自我，积极探索人生更多的可能性，遇见更优秀的自己。平价是完美日记的价格策略，但在美妆品牌中，它并不是以价格优势笼络消费者，而是寻求产品中的文化赋能。2024 年 4 月完美日记与中央芭蕾舞团推出"芭蕾"小细跟口红，外壳以芭蕾舞鞋缎带为灵感，制作广告视频《踮起脚尖的力量》，通过舞者姿态传递女性自信。2024 年 9 月完美日记再次以热门国漫《一人之下》角色"宝儿姐"为核心，推出十二色眼影盘"异人绘卷"，眼影格压印道家符咒纹理，附赠角色贴纸与联名收纳盒，天猫首发便售罄，二次元圈层引发抢购热潮。通过以上联名策略，完美日记不仅实现了销量增长，更在消费者心中树立了"国潮标杆"的品牌形象。

彩妆界的另一匹黑马——花西子的成功之处，则是彻底将中国文化元素放入产品的包装设计当中。花西子创立于 2017 年，和完美日记在同一赛道，却是不同的营销打法。完美日记希望将欧美彩妆风尚带回中国，但花西子的品牌理念是"东方彩妆，以花养妆"。花西子研发的"雕花口红"具有"半哑偏润、雕花定制、轻薄丝滑、以花养唇"的特点，新雕花复刻了东方微浮雕工艺，为消费者雕琢一幅牡丹花神图。"愿卿如牡丹，花开真国色"，花西子携手民间雕刻大师共同打造，结合现代技术，将花纹雕刻在膏体上，每一支口红都是古典雅致的艺术品。与其他大牌化妆品不同，花西子的套装产品设计定位"东方礼盒"，集结中国传统工艺精髓，将产品做成了蕴含东方美学的艺术品，外盒造型灵感来源于中国古代女子收纳梳妆用品的妆奁，代表东方工艺，也象征女子之美。花西子复刻了江南传统妆奁的制造工艺，打造了这款"东方佳人妆奁"，在商品介绍中设计师献给所有女性一句祝愿："愿卿启妆奁，绝世而独立。"妆奁礼盒中的产品包括：复刻东方微雕工艺的口红、同心锁口红、锁楼弄影浮雕彩妆盘（灵感来源于清代沈铨的《百鸟朝凤图》）、融合花西子轩窗元素的香粉盒空气蜜粉、翡翠气垫、小砍刀眉粉笔、花润参养唇膜、小黛伞防晒妆前霜、花露卸妆湿巾、胭脂腮红膏，每款产品从器物造型、色彩、名字、文案都充满了中国古典文化韵味。

野兽派：首家中国工坊店

作为国内生活方式品牌的代表之一，野兽派（BEAST）于 2025 年 2 月在上海新天地石库门街区开设了首家中国工坊店，以"四季流转"为灵感，通过非遗手工艺与现代设计的结合，打造了一个集零售、文化体验与艺术展示于一体的沉浸式空间，标志着品牌在高端家居与艺术生活领域的进一步深耕，成为国潮品牌探索文化传承与商业创新的典型案例。

中国工坊店选址于上海新天地石库门历史街区，双层建筑共占地约 500 平方米，整体设计以"清末中式风格"为基调，以四季元素（春生、夏长、秋收、冬藏）进行主题陈列，一层以非遗手工艺为核心，展示香氛、花艺、家饰等产品，二层则聚焦家居服系列，并设有咖啡区与休息区。店铺入口处的海棠花窗与金色楼梯设计，呼应"月光宝盒"主题，营造出古典与现代交织的视觉张力。店内陈列泉州珠绣、永康锡雕、潮州木雕、琉璃工艺及宋锦织造等非遗技艺工艺品，将传统文化元素转化为现代设计语言。泉州珠绣香囊是与福建非遗传承人陈克忍合作，采用金苍绣与珠绣结合，手工缝制香囊图案；宋锦家居服以传统宋锦面料结合现代剪裁，展示"富贵海棠"与"福禄在手"等寓意吉祥的设计；琉璃香插复刻古代琉璃工艺，保留天然气泡的"呼吸感"，展现东方器物之美。核心产品线包括：

中国工坊系列：围绕非遗工艺开发限量款产品，如珠绣香囊、宋锦家居服、琉璃香插等，定价区间为 500～3 000 元，主要面向高端收藏市场。

四季主题香氛：以春兰、夏荷、秋桂、冬梅为灵感，推出限定香型，搭配手工陶瓷容器。

联名合作：与北京故宫博物院、敦煌研究院等文化机构合作，推出联名礼盒，例如"敦煌壁画"香氛系列。

中国工坊店通过非遗工艺与奢侈品级定价，使一件宋锦家居服售价超 2 000 元，进一步巩固了野兽派"轻奢艺术生活品牌"的定位，与名创优品等同源代工厂品牌形成鲜明区隔，强调"文化溢价"而非单纯产品功能。该店不仅是零售空间，更成为上海新天地的文化地标。例如定期举办非遗手工艺工作坊如珠绣体验课、艺术家驻店活动，吸引年轻消费者参与。

野兽派延续了其"故事营销"基因，通过非遗传承人的匠人故事、工艺历史解说（如泉州珠绣的百年演变），赋予产品情感厚度。例如，店内播放的纪录片《匠心的呼吸》，记录了琉璃工艺从泥坯到成品的 14 道工序，强化消费者对品牌文化价值的认同。野兽派中国工坊店的成功，体现了国潮品牌从"产品输出"到"文化输出"的升级，通过非遗工艺的现代化表达、沉浸式场景构建，以及精准的高端客群触达，以"零售+展览+互动"的多维体验，突破传统门店的单一功能，提升了品牌溢价能力，也为传统文化在商业领域的创新应用提供了范本。

潘虎设计实验室

潘虎设计实验室由国内知名包装设计师潘虎创立，以"手艺人"的身份深耕包装与产品设计领域，设计风格独具匠心，既注重传统美学元素，又大胆融入现代设计语言。潘虎主张"包装设计的本质是解决问题"，而解决问题的关键在于找到产品独特的精神内核。无论是设计邮票、啤酒包装，还是高端礼盒，其作品都力求在传统符号中寻找创新突破，通过对色彩、材质和结构的巧妙运用，让产品在视觉上产生强烈的冲击。通过对传统美学的现代解读，潘虎为众多品牌提供了具有商业价值的包装设计，更为整个行业树立了一个兼具美学精神与实用功能的标杆。

设计生肖邮票既要求尊重传统符号的历史与文化内涵，又需要在视觉上呈现出新意。潘虎设计实验室为中国邮政设计的蛇年生肖邮票通过细腻的线条与淡雅的色调，将蛇的灵动、神秘与生机巧妙展现出来，同时借助现代几何构图和色块处理，使得蛇的形象既有传统文化的底蕴，又具有现代感和国际视野。借助这次设计，中国邮政在产品层面实现了升级，也进一步弘扬和传承了中华优秀传统文化，提升了品牌在公众心中的文化形象和影响力。当代设计师既要关注产品的美学表达，更要注重以传统文化为根基、融入现代设计语言的创作模式，为更多国潮品牌和公共服务机构提供有益启示，推动中国传统文化和品牌在全球范围内的传播与再造。

2017 年 4 月 24 日，国务院印发《国务院关于同意设立"中国品牌日"的批复》，同意自 2017 年起，将每年 5 月 10 日设立为"中国品牌日"。另一个不容忽视的因素是我国科技文化的迅猛发展。在这股浪潮的推动下，新一代年轻人对民族文化的自信与日俱增。他们不仅深刻认识到传统文化的独特魅力和深厚底蕴，而且将这种自信转化为对国货品牌的坚定信任。随着时间的推移，他们对国货品牌的信任度稳步提升，更愿意为这些承载着民族文化精髓的国货买单，以实际行动支持文化产业的发展，掀起了一阵"老字号新国潮"风尚。

中国老字号不仅是一种商业品牌，更是一种文化记忆。无论是同仁堂的药品、全聚德的烤鸭，还是张小泉的剪刀，这些品牌名称的背后都凝聚着技艺传承与匠心精神，在历史长河中，它们以独特的品质和服务积累了深厚的社会认同感，因此品牌得以流传至今。然而，老字号也面临着现代消费者观念变迁的挑战，在快速消费的新时代，如何让年轻一代认识并认可老字号的价值，成为广告传播的核心议题。

老字号的广告最常规的叙事手法往往将传统文化与品牌历史结合，以增强情感共鸣。同仁堂近年来的广告以"匠心传承"为主题，讲述百年老店如何坚持传统制药工艺，同时引入现代医学理念。这种广告形式通过情感故事拉近了品牌与消费者的距离。吴裕泰作为中国老字号茶品牌，一直以来主打传统与品质，而其 2021 年推出的"花语茶言"系列产品则是将传统茶文化与现代消费者需求结合的典型代表。"花语茶言"系列产品以"花"作为情感符号，将花与茶的结合赋予了文化意涵，延续了吴裕泰茶文化传统的同时也赋予了品牌更丰富的浪漫情怀。产品包装以手绘风格展现每种花茶的特色，将"花语"与"茶言"视觉化，以东方美学的风格吸引了注重审美和仪式感的年轻消费者；广告文案围绕"花语"展开，每种茶都象征特定情感（如玫瑰寓意爱情，茉莉象征纯净），让消费者不仅是买茶，更是在传递心意。中国老字号的价值，不仅在于其商业成功，更在于其文化意义。借助现代广告的赋能，中国的老字号品牌正在逐步走出"老"的束缚，焕发出"新"的生机。

文化符号剧烈重构的时代，国潮消费现象揭示了文化主体性重建的深层逻辑。当故宫的脊兽化作盲盒玩具，当《千里江山图》变成动态壁纸，这些符号的蜕变见证着传统文化的创造性转化。转化不是对过去的简单复刻，而是在现代性语境中构建新的意义网络，文化符号的生命力，正是在持续的转译与重构中获得永恒。未来的文化创新，需要在保持符号精神内核的前提下，探索更多元化的现代表达，让东方智慧在数字文明的土壤中结出新的果实。

二、情绪价值的"光合作用"

情绪价值是指顾客在接受企业提供的产品和服务时，所得到的经济价值或其他价值的感觉，这种感觉影响顾客再度光临或者不再光临。"情绪价值"这个词最早由美国爱达荷大学商学院的杰弗里·贝利（Jeffrey Bailey）教授于 2001 年提出，他将情绪价值定义为顾客感知的情绪收益和情绪成本之间的差值，情绪收益为顾客的积极情绪体验，情绪成本则为负面情绪体验，情绪价值=情绪收益-情绪成本[①]。

---

① BAILEY J J, GREMLER D D, MCCOLLOUGH M A. Service encounter emotional value: the dyadic influence of customer and employee emotions [J]. Services Marketing Quarterly, 2001, 23 (1): 1-24.

情绪价值已成为当今广告与品牌营销中一个不可忽视的关键点。在这个充满选择的消费时代，产品功能和价格不再是唯一的竞争力，消费者更看重产品或品牌是否能满足他们的情感需求。这种情感满足所产生的正向反馈，可以比喻为"光合作用"：就像植物通过光合作用转化能量促进生长，情绪价值通过满足消费者的情感需求，促使品牌与消费者之间形成更紧密的连接，并最终推动品牌的可持续发展。情绪价值的"光合作用"是一个通过激发消费者情感共鸣，转化为品牌忠诚度和市场影响力的动态过程。这一过程包含三个关键阶段：第一阶段是"感知情绪光能"，消费者在广告或品牌接触中被激发出特定情绪，例如温暖、愉悦、兴奋或安全感，这些情绪为情绪价值的产生提供了"光能"；第二阶段是情感转化机制，消费者将消费时产生的情绪与品牌或产品建立关联，形成记忆点，这种关联是消费者决定购买和长期支持的重要依据；第三阶段是品牌成长与反馈循环，情绪价值不仅促进消费者的单次购买，还能通过情感连接促成口碑传播和持续复购，从而促进品牌增长。

情绪价值来源于何处呢？首先是文化的共鸣，利用本土文化、历史符号或集体记忆，可以唤醒消费者的情感认同。以吴裕泰为例，"花语茶言"通过中国传统花茶文化赋予产品浪漫和诗意，使消费者在饮茶时感受到文化归属感。其次是生活中的仪式感，许多品牌通过赋予日常生活更高的情感意义，提升消费者的情绪体验，像星巴克通过"第三空间"概念，使喝咖啡成为一种情感放松的仪式，当然也被消费者重新定义为中产阶级移动的办公空间。最后，定制服务、互动广告或社交媒体活动等独特的关怀也能够满足个体消费者被"看见"的情感需求，关键还是品牌对消费者情感需求的精准洞察。

在消费过程中，情绪价值也可以体现为购买与使用某一产品所激发的深刻满足感。值得注意的是，商品上的价格标签并不总是情感价值的唯一裁决者；时常，人们出于对产品外观的青睐或触感的偏好，不惜花费更多。譬如，有人偏爱选择皮鞋而非运动鞋，只因皮鞋给予双足更为精致的时尚感。部分女性选择高跟鞋，希望在视觉上增高，这一期望让她们的外在形象更为理想，在内心深处激发了积极的自我认同，显著提升了她们的自信层次与自尊感。

日本埼玉大学的加藤匠（Takumi Kato）有一项研究《功能价值和情绪价值：对促成企业品牌偏好的价值比较研究》（"*Functional value vs emotional value: a comparative study of the values that contribute to a preference for a corporate brand*"）。这项研究通过在日本进行一项针对丰田、本田和其他日产车的在线调研来评估日本汽车行业各个品牌形象对企业品牌偏好的影响。在研究中，功能价值包括性能和功能、效率、质量和耐用性、价格。情绪价值包括美学、可用性、舒适、享受、声音、声誉、关系。受访者年龄为 20～60 岁，他们拥有不同的汽车品牌：丰田、本田、尼桑、马自达、铃木和大发。研究结果表明：情绪价值对于消费者的品牌青睐有着显著的贡献，尤其是在产品创新环节。在测试品牌形象出现的频率时，功能价值被检测到 593 次，情绪价值被检测到 404 次，丰田车与"安全""质量""舒适""可靠性"的关联度更高，正因丰田车的全球愿景中描述的"安全是丰田的首要任务"，丰田强调高安全性和可靠性，并且这种形象无处不在①。

在海量商品中，消费者倾向于自己总是能作出理性的消费决定，但往往多数时候情绪略占上风。情绪会对我们作出决定的神经系统产生非常强烈的影响，帮助我们过滤掉多余的可能性，潜意识里，情绪逻辑是购买产品和服务最重要的因素之一。

杭州萧山国际机场："行李在转运，生活也在转运"

在当今广告创意领域，"社会情绪"已成为一个备受瞩目的高频词汇，而社会情绪该如何找到一个合适的线下媒介作为表达窗口？在杭州

---

① KATO T. Functional value vs emotional value: a comparative study of the values that contribute to a preference for a corporate brand [J]. International Journal of Information Management Data Insights, 2021, 1 (2): 1-7.

萧山国际机场 T3 航站楼的行李提取区域，天猫巧妙地利用了这一日常却充满期待的场景，为每一位旅客带来了一场别开生面的"好运"邂逅。在这里，每一条繁忙运转的行李传送带上，都精心印制着诸如"天猫好运提取处""见者有份，喜提好运""小团圆"的温馨寄语，以及"你马上就会收到一个好消息""好运正在转向你"等鼓舞人心的话语，还有富含哲理的"行李在转运，生活也在转运"和满怀希望的"只要在路上，就会有转机"。这些文案不仅富有创意，更深刻洞察并捕捉了当下的社会情绪与细腻的心理波动。天猫通过这一独特且创新的场景化媒介运用，不仅将原本平凡的行李提取过程，升华成了一场满载期待与惊喜的"好运提取"之旅，更在无形中与广大旅客建立了情感上的共鸣，精准地把握并回应了时下社会情绪的微妙变化，展现了品牌对于市场趋势的敏锐洞察与深刻理解。

超级植物公司：与消费者产生情绪共鸣

超级植物公司是 2018 年由大田作物设计工作室孵化的新锐品牌，也是一个结合品牌策划、空间设计、产品设计的多元设计公司。其首家线下门店于 2019 年在北京三里屯开始营业，公司理念是"一个相信植物有魔法的公司，把世界各地的植物带给你"，以文创商店的形式，将植物重新包装和定义，作为商品出售，同时配上一句轻松解压的文案。

作为一家设计公司，超级植物公司的植物文创产品充满了奇思妙想。设计师在对植物重新包装的同时，其实是将当代年轻人的情绪状态和生活方式通过产品外观设计和文案设计的形式表达出来，借物抒情，每株植物有一个特别的卡片标语，如"请放松""数羊·专管睡不着""别慌蜡烛""为你打气"等产品，伴随着沮丧的情绪又治愈人心。超级植物公司以植物作为符号进行设计和情绪表达：轻松、简单、直白、有梗：

"空气凤梨"="不梨不弃"；

"朱顶红"＝"注定红"；

"打包春天"手提袋＝抓住春天的尾巴；

"油菜花"编织袋＝"有才华"；

"桃花朵朵"手提袋＝"桃花运"；

"没有买卖就没有上海"的谐音梗；

"放青松""万事青松"手提袋＝"放轻松"。

超级植物公司的产品让许多倍感压力的年轻人在这些植物中找到了共鸣，萌萌的造型加上简单、直接的大黑体文案，让人看完会心一笑。

超级植物公司文案词库（部分）：

心情悄悄话、多看绿色、别慌松松蜡烛、青松有余 如获植宝、注定红、万事青松、你是爹、你好，青松、青松入植、等花开、负荆请罪、惨绿少年、请放松、不梨不气、私人草坪、陪你一起看月亮、大雪压青松 青松很轻松、吹吹风、微风物语、心叶秘语、青松有余、为你打气、今晚夜色真美、塑料假花、点燃，棵松树、植场诸神、植神转运、空气植物、世界那么大只有我和你、加官晋植、摸鱼、做你的花也做你的树、每个人都是宇航员 未来就是自己的宇宙、不气、私人草坪、天天向上、有文化、仙剑、在树下、爱你、大运、吃仙丹变神仙、如鱼得水、大儿童、瘦参、水货、打包春天、花假情真、这个春天，我想拥有一棵和你有关的树、低欲青年、万物皆可爱、一拍即合、放学别走、万寿无疆、节节高升、如鱼得水。

伯喜：性别无界

伯喜（Bosie）成立于 2018 年 5 月 9 日，品牌初创时启用的服装设计师毕业于英国中央圣马丁艺术与设计学院、伦敦时装学院、帕森斯设计学院、马兰欧尼时装学院等设计院校，公司位于杭州。作为崇尚时尚平权的设计师品牌，伯喜是"无性别服饰"的开创者。伯喜不断探索适合不同性别、年龄、地域的人们的时装风格，希望通过风格多元、设计独特的产品，打破束缚和界限，让更多人拥有追求时尚和美的平等权利。

伯喜的服饰为年轻人打造了一个充满童话与爱的乌托邦"星球"。"三个地球年之前的飞船事故，伯喜驾驶航舰被未知虫洞吸附，最终迫降在一颗蔚蓝星球上，坐标 627，通信代码 1001110011。"2021 年，伯喜首家 2 000 平方米超级体验店 Bosie「SPACE」落地上海淮海中路 627 号，围绕飞船空间站的概念，将服饰与星际零食铺、宠物、装置等相结合，打造了一个极具未来感的超级体验店。

情绪价值的"光合作用"是一种复杂而强大的力量，品牌通过情绪光能的感知、转化与反馈，能够在消费者心中种下一颗持久的"情感种子"。这颗种子不仅让品牌与消费者实现关系上的深度连接，也能推动品牌在激烈的市场竞争中获得持久的生命力。在技术至上与人工智能时代，情绪价值将成为广告与品牌发展的核心驱动力之一。

三、面向 Z 世代的文化输出

如今面向年轻人的消费，一类是"百宝箱"，将大千世界的美好通过网络媒体极尽展示在年轻人面前，诱惑他们为了渴求的物欲而忙碌终日；另一类则是围绕着年轻人的童年梦想，将产品设计成一个个裹着回忆糖衣的载体。

社会学家威廉·施特劳斯（William Strauss）和尼尔·豪（Neil Howe）出版了一本名为《世代》（Generation）的书，将美国历史作为一系列世代传记进行讨论。各世代群体时任如表 6.1 所示。

表 6.1　各世代群体特征

世代名称	婴儿潮世代 （baby boomers）	X 世代 （X Generation）	Y 世代 （Y Generation）	Z 世代 （Z Generation）
环境特征	二战结束迎来生育高峰期；美国经济进入成长期	经济降速，美国霸主地位受威胁；频发的政府及大公司丑闻	生育率大幅回升；经历互联网革命、全球经济	互联网原住民；从小接触移动互联网、社交媒体
世代特征	稳定的事业；强劲的财力	未知，迷茫；低调，富有；注重品牌体验和权威口碑	消费升级需求显著，偏好小众消费、线上购物；强烈的公民意识	个性独立自我；关注体验感、高性价比
全国人口数量/亿人	11.7	14.2	17.4	18.5
全球人口占比/%	15	18	22	24

数据来源：东方证券研究所、联合国经济和社会事务所。

　　其中 Z 世代成长于一个信息洪流汹涌、文化交融并蓄的新纪元，他们在全球化与本土化的双重滋养下，展现出了鲜明的个性特征和强烈的自我意识觉醒。这一代人，其行为模式、处事模式以及思维模式，无不深刻地烙印着时代的印记，与前辈们形成了鲜明的对比。作为名副其实的互联网"原住民"，Z 世代游刃有余地在虚拟世界中穿梭，擅长根据个人兴趣编织出一张张紧密相连的兴趣社群网络，并在其中展现出极高的活跃度与归属感，乐此不疲地为二次元世界、电子竞技、潮流玩具、国风文化等多元化的兴趣领域投入热情与金钱。

　　根据新京报联合贝壳财经发布的《2024 中国青年消费趋势报告》及相关数据，Z 世代的消费行为呈现显著的多元化和差异化特征，其核心驱动力包括理性消费、情感价值追求、数字化依赖以及社会责任意识。Z 世代在消费决策中表现出高度的理性与精明，既追求品质又不愿过度溢价，形成"智性脑"消费模式，在比价与平替选择之间，约

60.3%的年轻人会在购物时进行多渠道比价，41%的受访者频繁选择平替商品，但前提是品质能满足需求；他们倾向于在不同平台购买不同品类商品（如京东买数码、拼多多囤消耗品），并依赖 7 天无理由退换等退货保障服务；仅有 12%的消费者是"低价至上主义者"，更多人注重性价比与品牌价值的平衡，例如唯品会 618 活动中，低价大牌服饰被抢购一空。

作为"数字原住民"，Z 世代的消费行为高度依赖线上生态。2024年直播电商渗透率达 30%，快手本地生活平台中 30 岁以下消费者占比 41%，即时零售场景（外卖购买药品、鲜花）增长显著；66%的年轻人愿为创新科技支付溢价，智能家居（扫地机销量同比增长 35%）、家庭语音智能音箱和可穿戴设备成为新宠，他们也对小米、华为等国产科技品牌充满信心。

Z 世代对环保和社会价值的关注深刻影响其消费选择。58%的年轻人愿为环保产品支付溢价，二手交易平台闲鱼用户中"95 后"占比超50%，循环商店和以旧换新政策（如节能家电销量增长 135%）成趋势；精细养生现象兴起——"95 后"人均拥有 3 种保健品，低糖、无添加食品需求激增；小份菜和空瓶回收等行为普及，体现了他们的反浪费理念①。

为了了解 Z 世代的网络行为模式，美国得克萨斯州奥斯汀的 Word-Press 专用主机托管商 WP Engine 针对 Z 世代展开了调查。研究结果显示，67%的 Z 世代相信网站能够预知他们想搜索的东西；40%的受访者表示如果网站无法准确猜测他们的喜好，他们会马上退出；38%的受访者表示如果网站可以提供个性化的访问体验，他们愿意提供自己的浏览数据。

在广告信息漫天飞舞的今天，Z 世代展现出了更加理性与敏锐的辨

---

① 新京报，贝壳财经. 2024 中国青年消费趋势报告［EB/.OL］（2024－07－08）.https://www.bjnews.com.cn/detail/1720425706129851. html.

识力，他们更青睐那些富有创意、趣味横溢的营销方式，对传统广告套路保持清醒和距离。品牌若想赢得 Z 世代的心，必须讲述引人入胜的品牌故事，传递独特的品牌文化及价值观，以此作为与 Z 世代情感共鸣的桥梁。同时，强调产品的创新特性和可持续发展理念，积极回应 Z 世代对于环境保护和社会责任的深切关注，无疑也是赢得这一代消费者青睐的关键所在。

飞跃鞋：老国货，新潮牌

1958 年，大孚公司的设计除了适合民众穿的解放鞋，也就是飞跃鞋，在 20 世纪七八十年代飞跃鞋是炙手可热的时尚单品。2005 年，法国人帕特里斯·巴斯蒂安重新设计了 Feiyue 品牌商标，将市场定位在年轻人身上，取得了 Feiyue 商标口头授权后，将飞跃鞋带到法国。而后帕特里斯竟先抢注了飞跃的国际商标，由此飞跃便换了身份变成国际潮牌的飞跃鞋，身价从 20 元涨到 500 多元。

近些年飞跃品牌终于重回上海生龙鞋业和大孚橡胶公司旗下，作为老国货品牌开启了面向年轻人的一轮新营销：和莫雷诺联盟，发展全皮定制高端休闲鞋业务线；和中兴手机联名，让年轻灵魂种草 5G 国潮；和肯德基 K COFFEE 联名，发布国潮新装备套餐……2021 年 7 月，在余额宝八周年举办的"2021 毕业礼"晚会上，飞跃与余额宝推出两款"幸运有余"联名鞋：一款是"透明鱼尾鞋"，以透明的鞋身、萌趣的鱼尾造型，呈现出青春有力的气势；另一款是"锦鲤鞋"，主打锦鲤设计元素，在阳光照射下会出现锦鲤团，象征好运连连。两双鞋寓意着余额宝用全新的潮流能力，祝福大家在无限可能的人生中，好运不断，也受到了众多年轻人的喜爱①。

---

① 人民咨询. 热搜体质的 TA 现身《2021 毕业礼》! 余额宝 X 飞跃联名鞋霸屏朋友圈 [EB/OL]. （2024 - 07 - 05）. https://baijiahao.baidu.com/s? id = 1704439829309481283&wfr = spider&for = pc.

线下的飞跃门店，也针对年轻人爱玩爱个性的特点玩起了新花头，在店内设置了 DIY 区。顾客可以先选好鞋子，再选配喜欢的鞋带、鞋扣和鞋子上的小配饰，在店员指导下，自己动手制作一双专属于自己的定制球鞋。情侣款、闺蜜款、亲子款的鞋子都可以做，还能作生日礼物、拆盲盒。一双鞋的价格只要 100 多元，无论是服务体验还是产品质量，飞跃都算得上是性价比极高的国潮品牌了。

泡泡玛特

北京泡泡玛特文化创意有限公司成立于 2010 年，是中国领先的潮流文化娱乐公司。发展十余年来，泡泡玛特围绕全球艺术家挖掘、IP 孵化运营、消费者触达、潮玩文化推广、创新业务孵化与投资五个领域，构建了覆盖潮流玩具全产业链的综合运营平台。"创造潮流，传递美好"是泡泡玛特的品牌理念[①]。

Z 世代注重个性化表达，对商品的独特性和情感价值有较高需求。泡泡玛特通过盲盒模式和独特的 IP 设计，满足了 Z 世代追求独特、稀缺以及自我表达的心理需求。Molly、Dimoo 等潮玩形象设计独特，契合 Z 世代对"可爱""酷炫"或"怪异"美学的喜好，这些潮玩作品不仅是商品，更是一种艺术形式，符合 Z 世代对"设计美学"的追求，IP 形象设计多样，体现了对个体多样性的包容，契合 Z 世代多元化价值观。随机抽取隐藏款设计的盲盒购物玩法，增强了 Z 世代在消费中的探索乐趣和惊喜感，限量款和隐藏款设计让潮玩具有升值空间，符合 Z 世代对"消费即投资"的心理预期。

Z 世代高度依赖社交媒体，泡泡玛特的产品为他们提供了在社交平台上展示、分享和互动的"社交货币"。品牌吸引了一批潮玩爱好者，通过收藏、交易和展示形成了独特的社群文化，这种归属感特别吸引渴

---

① 资料来源：泡泡玛特官网，https://www.popmart.com.cn/home/about。

望社交认同的 Z 世代。

　　"千禧一代和 Z 世代的消费者希望私人企业提供公共服务，更确切地说，这不是希望，而是要求。他们相信与利益相伴而来的是社会责任，企业有责任令世界变得更加美好。"①

　　潮流、有趣、环保、平等、多元化等社会热点议题是 Z 世代重点关注的，面向 Z 世代的广告，需要结合这一代人的特质和偏好，采用创新、互动、个性化的传播方式，更要会讲故事、创造共鸣，他们注重内容的情感共鸣和真实性，期待与个人身份以及兴趣爱好的联结，拒绝过度商业化的广告表达。随着 Z 世代逐渐成为消费主力，其多元需求将继续重塑市场格局，推动商业生态向更精细化、情感化和可持续化方向演进。

第三节　跨文化语境下的广告传播

　　全球化浪潮推动下，广告传播已经不再局限于单一文化背景，而是越来越多地跨越国界、语言和文化的界限。《跨文化传播学导论》将学界对跨文化传播的定义分为三种类型：第一类是来自不同文化背景的人际交往与互动行为；第二类是信息的编码、译码来自不同语境（context）的个体或群体进行的传播；第三类是由于参与传播的双方符号系统存在差异，传播成为一种符号的交换过程。跨文化传播被总结为"所谓跨文化传播，就是不同文化之间以及处于不同文化背景的社会成员之间的交往与互动，涉及不同文化背景的社会成员之间发生的信息传播与人际交往活动，以及各种文化要素在全球社会中流动、共享、渗透和迁移的过程"②。跨文化有跨国家、跨种族、跨族群、跨性别等，跨

①　麦基，格雷斯. 故事经济学［M］. 陶曚，译. 天津：天津人民出版社，2018.
②　孙英春. 跨文化传播学导论［M］. 北京：北京大学出版社，2008.

文化语境下的广告传播，不仅是品牌国际化的重要手段，更是一种跨文化对话的方式。文化敏感性是跨文化传播的底线要求，需深入理解目标市场的宗教禁忌、历史记忆与社会规范。东航在阿拉伯国家推广旅游广告时，避免出现酒精、暴露服饰等伊斯兰教禁忌元素，转而突出沙漠绿洲与文化遗产，获得当地消费者认可；反观某汽车品牌在东南亚广告中使用"佛像"作为装饰符号，引发了亵渎宗教的争议，导致品牌被迫下架并公开道歉。跨文化广告传播需要品牌或企业在不同文化背景下，以合适的语言、符号和传播方式向目标受众传递信息，既要考虑到文化间的共性，又要关注文化差异带来的挑战，在这种功能下，广告不仅是商业行为，也是文化传播的媒介，有助于促进不同文化之间的理解与认同。跨文化广告传播的最高境界，是让品牌成为本土文化生态的参与者而非外来者，例如宜家在日本推出"收纳哲学"主题广告，将瑞典语"Lagom（适度，刚刚好）"转化为日语"断舍离"，精准契合当地生活理念。

人类学家可以说是研究跨文化的先驱，他们通过长时间的田野调查和参与式观察来研究异文化和异族群，也就是所谓的"他者"。玛格丽特·米德（Margaret Mead）的研究《萨摩亚人的成年》揭示了萨摩亚青少年成长与美国社会中青春期的显著差异，挑战了西方对青春期的普遍性假设；克利福德·格尔茨（Clifford Geertz）的《文化的解释》通过研究巴厘岛斗鸡，展现了文化符号与社会意义的深层联系；格雷戈里·贝特森的《纳文》描绘了新几内亚雅特穆尔人庆祝青少年一些成就的仪式——纳文；李荣荣的《美国社会与个人》让我们看到美国加州悠然城一个底层人士如何通过公益组织与参与公益购买属于一套自己的房子……大众可能无法全面地知晓生活在不同群落的"他者"的社会、文化和行为，但是作为走向全球化传播的广告，核心便是理解目标文化的价值体系，制定更符合当地文化语境的传播策略。麦当劳在印度市场推出素食汉堡"麦香堡"和无牛肉或猪肉的菜单，以尊重印度的宗教文化。百事可乐在 20 世纪 60 年代进入中国市场时，采用了在美国成功

的广告口号 "Pepsi Brings You Back to Life"。该广告口号被直译为 "百事让你起死回生"，让中国消费者产生困惑甚至反感，因为这触及了与死亡相关的文化禁忌。后来百事重新设计了更符合中国文化的广告语，强调年轻活力与 "挑战自我"。语言不仅仅是文字翻译，还需要考虑语境、表达方式和语调，尤其是幽默和俚语可能在不同文化中产生完全不同的效果，在跨文化传播中，语言翻译不仅需要字面准确，还需深入理解文化背景和潜在的含义。

抖音和 TikTok 是字节跳动旗下的两款短视频社交平台，它们虽然共享技术和架构，但由于面向不同市场（中国与国际市场），两者在产品设计、内容生态、运营模式和用户群体等方面存在显著差异（见表 6.2）。

表 6.2 抖音和 TikTok 平台对比

	抖音	TikTok
目标市场	中国国内市场	国际市场，覆盖 200 多个国家和地区
用户群体	主要是中国用户，覆盖一、二线城市的年轻人，以及下沉市场的大量用户	用户分布广泛，主要为欧美、东南亚等地区的年轻人（13～30 岁）
用户行为	用户更熟悉中国文化，对内容的娱乐性、互动性要求较高，且喜欢本土化强的内容	用户倾向于多样化的娱乐内容，尤其是本地化的轻松、搞笑或创意型视频
内容类型	除短视频外，还包括直播、知识类内容、广告植入等，涵盖娱乐、教育、消费导向等多个领域	以短视频为主，内容更倾向于娱乐性、轻松性和病毒式传播的风格
内容倾向	垂直领域（如美食、旅游、生活方式）	创意、幽默以及挑战赛等适合全球传播的内容
电商功能	深度整合了电商服务，提供直播带货、商品橱窗等功能，帮助用户实现 "种草到下单" 的闭环体验	电商功能相比抖音起步较晚，目前以广告和外部电商链接为主

表6.2(续)

	抖音	TikTok
社交功能	包括"亲密好友""同城探索"等功能，增加用户的社交互动和本地化连接	注重全球用户的内容互动（如挑战赛和主题标签），而非深度社交
支付功能	集成了"抖音支付"，便于用户在电商场景中支付	暂未全面推出类似"抖音支付"的功能，支付功能主要与第三方平台合作
审核机制	严格遵守中国的互联网内容监管政策，对内容进行全面审查，确保符合中国法律和道德规范	根据各国法律和社区规范制定内容审核标准，努力平衡自由表达和合规要求
敏感内容	对涉及政治、宗教、暴力等敏感内容的审核非常严格	在不同国家会有不同的内容审查力度，例如在欧美更注重隐私和安全，在东南亚注重宗教文化敏感性
广告形式	提供信息流广告、挑战赛、品牌主页、直播广告等多种形式	以信息流广告、品牌挑战赛、AR滤镜等为主，同时推出TikTok for Business平台，帮助企业投放广告
盈利模式	广告、电商佣金、直播打赏是主要收入来源	广告是主要收入来源，电商功能尚在探索中
本地化	产品设计、内容运营和营销策略都高度贴合中国文化和用户需求	针对不同国家提供语言支持、热点话题和活动。比如在东南亚地区推广宗教节日相关内容，在欧美地区推出万圣节挑战赛等

作为2024年中国最火的AAA游戏，《黑神话：悟空》以中国四大名著中的《西游记》为背景，通过精美的视觉特效、复杂的剧情和黑暗的设计风格完成重新演绎。中国传统文化符号如何进行国际化转译？例如游戏美术上，妖怪设计既保留了中国传统神话的特征，又融入了全球流行文化中对怪物的视觉审美，使其在全球市场中具有吸引力。战斗系统借鉴了《黑暗之魂》等全球知名游戏的战斗机制，既符合全球主流玩家的游戏习惯，又加入了中国武术元素。在营销策略方面，通过

YouTube 等全球化平台发布预告片和宣传内容，吸引了大量海外玩家的关注。首支宣传片发布后迅速登上全球各大游戏媒体的头条，翻译注重多语言版本的制作，方便不同文化背景的玩家体验。传立 Content+游戏电竞营销总经理刘翙和陶文权在"广告狂人"的采访里讲述了《黑神话：悟空》游戏出海的跨文化沟通方法：

"玩过游戏的朋友应该知道这次游戏中很多翻译都坚持用拼音，比如龙、妖怪……相对来说我们要花很多精力去解释妖怪和'monster'的区别、龙和'dragon'的区别，所以我们会先和核心玩家沟通好，再有选择性分阶段展开一些别的内容，比如《西游记》讲的是什么，游戏中的中国古建筑来自哪，再加上一些娱乐性的内容营销，慢慢扩大影响力。"①

此外，海外社区"自来水"网友主动为其他网友科普游戏中的文化场景，例如壁画和建筑的来源、历史；玩家为了理解游戏内容，开始学习汉语。从游戏叙事上来说，《黑神话：悟空》不仅局限于中国文化，而且探讨了如命运、挣扎、背叛等具有普遍意义的主题，使不同文化背景的玩家都能与游戏内容产生共鸣，正如漫威宇宙的叙事漂洋过海能够深受中国影迷喜爱。可以说，这既是游戏出海势如破竹的创新表现，也是中国神话故事跨文化传播的一次成功案例。

广告代表着一个国家的文化和形象，广告跨文化传播应秉持文化敏感性原则、文化共性与差异性平衡原则、语言本地化原则、视觉符号适应性原则以及法律与伦理合规原则，避免造成文化解读上的误会，以实现品牌价值与文化共鸣的双赢目标。

127

---

① 广告狂人. 独家：《黑神话：悟空》海外营销幕后揭秘［EB/OL］.（2024-09-14）. https://mp.weixin.qq.com/s/svZBUJSOBT9QZsS8XT9sFg.

第四部分

未来广告

第七章

数字生态的广告媒介伦理

事实很清楚，如果听之任之，广告投放者的言论将极力挑战事实极限，有时完全不顾事实。由此，不可能再对广告投放者毫无约束，放任自流。1891 年发生了一起具有划时代意义的案例。某位卡里尔夫人购买了一种药物，名曰"碳酸性烟雾炸弹"。广告上保证它可以防止得流感（以及其他许多疾病），否则购买者将得到 100 英镑的赔偿。烟雾炸弹最终爆炸了——卡里尔夫人得了流感，她起诉对方要求根据习惯法赔偿 100 英镑，并最终胜诉。法庭将广告视为一份合同。此后，英国于 1893 年通过了《货物买卖法》，在习惯法的基础上大幅度增加了消费者的民事赔偿金额。在整个 20 世纪，消费者针对广告投放者的法律权利得到了不断提升。

——摘自《牛津通识读本：广告》①

---

① 弗莱彻. 牛津通识读本：广告 [M]. 张罗，等译. 江苏：译林出版社，2014.

第一节　广告的责任与伦理

一、何为广告伦理

伦理一词在中国最早见于《乐纪》："凡音者，生于人心者也；乐者，通伦理者也。"音乐和道德伦理一样，产生于人心。从古希腊苏格拉底到近代斯宾诺莎，直至康德、黑格尔等，都从哲学乃至神学基础上对伦理有过具体阐述。康德将伦理学形态分为德性论与幸福论，从道德规律引申出善与恶、善良意志、道德（善良）动机、道德义务、道德情感、良心等一系列的概念①。可见，伦理本身与道德密切相关，是道德在哲学层面上的思考与解读，同时它又成为一系列指导行为的观念。自古至今，伦理一直是个人行为及社会发展至关重要的一部分，中国古代以"忠""孝"作为伦理基石，礼法、德法并称，将其作为维护统治的准则。走向平等的现代社会，尽管伦理要求产生变化，但关注人们的行为规范，并将其作为社会发展进步的重要精神指导，依然具有重要意义。

"社会责任意味着做出社会普遍认为对普通人或特定群体最有利的事情。即使没有法律义务，伦理和社会责任也可以被视为广告对社会的一种义务。广告与伦理的关系紧密且复杂。广告活动不仅受到周围伦理环境的影响，还在一定程度上塑造了这一环境。同时，广告接收者也常以道德伦理为准则来评价广告内容的优劣。广告伦理涉及的不仅是广告实践中的伦理问题，还包括一系列影响广告业健康发展的价值观和行为准则。"②

---

① 唐凯麟. 西方伦理学流派研究丛书［M］. 长沙：湖南师范大学出版社，2006.
② 顾明毅. 数字广告生态：平台、营销与革新［M］. 北京：机械工业出版社，2024.

广告的伦理实践与整个广告生态健康息息相关，尤其是在大众被动接受广告传播的常态下。奥格威指出，好的广告必须做法正确。广告是一个整体活动，它是传播活动、营销活动和审美活动的总和，而无论是哪种活动，都涉及心理过程与心理特征，都发生在伦理环境之中。

一方面，现代商品经济的快速发展，对传统文化与伦理观念产生重大的冲击与影响，广告作为与人们日常联系最为密切的商业活动，其文字、图片、视频的传播，被伦理观念影响，同时也深刻影响着伦理环境。另一方面，新媒体技术革新以来，广告呈现方式更加多样化，原生广告、贴片广告、信息流广告等多种广告形式层出不穷，这对于广告伦理的要求也在不断变化。

二、广告伦理原则

广告，作为一种精妙的说服艺术，其核心在于通过传播价值观念来触动消费者的心灵，从而达成商品销售的终极目标。正因如此，广告活动在策划与实施中，必须确立清晰、坚定的价值标杆和行为规范。这些准则不仅为广告行为提供了明确的指导，更有助于促进广告主、广大受众以及整个社会环境之间的和谐共生与良性互动。通过精心构建的广告内容，我们力求在传播商品信息的同时，也传递出积极、正面的价值观念，为社会的文明进步贡献一份力量。

1. 诚实守信原则

孔子曾言：民无信而不立。在我国古代商业贸易中也有"诚招天下客，信纳万家财"的商业理念，可见守信，一直以来都是商业活动和经济活动所必须遵守的行为准则。在市场经济中，这种诚信原则通过人们的道德自律和市场对机会主义行为的谴责来减少交易成本，所以市场经济也是一种诚信经济[①]。广告作为商品的代言"人"，是商业贸易中的

---

① 陈正辉. 广告伦理学 [M]. 上海：复旦大学出版社，2008.

重要一环，因此诚实守信原则是广告伦理最重要的原则之一。广告的目的在于说服受众购买商品，而产生购买行为的前提就是保持信任，如果广告通过夸大或杜撰来欺骗消费者，一旦被发现了，就会像《狼来了》的故事一样，最终失去消费者的信任。在如今虚假夸张广告层出不穷的市场环境下，那些坚守真实、秉持诚信的广告更显得弥足珍贵。它们能够直击消费者的心灵，赢得他们的信赖与尊重，从而在激烈的市场竞争中脱颖而出。

特仑苏诞生于 2005 年，在蒙古语中是"金牌牛奶"之意，是中国市场上的高端牛奶品牌。特仑苏品牌的广告语是"不是所有牛奶都叫特仑苏"，这一广告语诠释了在十余年发展历程中，特仑苏始终坚持创新，通过采用专属牧场的高品质奶源，以及坚持业内高标准的原料甄选和生产工艺，为消费者提供至高品质的营养，并逐步成长为全球销量领先的高端牛奶品牌。在品牌商业电视广告（TVC）广告中，镜头以纪录片般的严谨视角，完整呈现从牧草种植、奶牛基因筛选到"乳脂分离工艺+72 摄氏度锁鲜工艺"的全产业链图景。当旁白以"每 100 毫升含 3.6 克天然乳蛋白"这类具象数据替代空洞承诺时，画面中实验室级检测设备与牧场晨曦交相辉映，将"高标准"转化为可感知的视觉语言，去修辞化的表达策略，恰似其产品本身——如同草原清晨的露珠般纯粹，却因真实的力量在消费者心智中构建起不可替代的信任坐标。

2. 收益平衡原则

社会与时代在发展，在网络媒体时代，信息推送变得快速和多样，信息与人之间的联系更加紧密，因此作为信息载体的媒介所承担的社会责任也更加重大。而具体落实到广告业，则是要实现商业利益与个人权益的平衡。广告的首要目标就是通过贩卖信息，说服消费者购买商品，实现商业收益最大化，而广告推送，不仅包含所售卖商品的价值、功能等信息，还包括其针对广大消费者传递出的价值观。如何在保持商业利益最大化的同时，维护个人权益和集体利益，为受众树立正确的价值观尤为重要。

可口可乐曾做过这样一个广告：可口可乐组织了一场活动，请来了六个身份完全不同的人，在黑暗的环境中围坐在一张圆形餐桌上，大家谁也看不清彼此，通过简短的自我介绍，来想象对面坐着的是什么样的人。等所有人介绍完后，打开灯，大家可以看到对方，而看到的与在此之前想象的完全不同。可口可乐通过这则广告活动想要传达"Labels are for Coca-Colas，not for people（可乐需要标签，人不需要）"。因此，在广告的创作与传播中，产品推广固然关键，但更重要的是通过广告这一媒介传递正确的价值观念和深厚的文化底蕴。这种深层次的情感连接和文化共鸣，对于塑造和巩固品牌形象具有不可忽视的积极作用。

3. 开放包容原则

开放包容，实则是一种对多元职业、阶层、民族、国别的接纳与尊重。在如今这个网络互联的时代，世界已然成为一个关系紧密的地球村，信息传递的边界早已超越民族与国界的限制。在这个大熔炉中，人们各自怀揣着不同的思想火花与文化底蕴，相互交流、碰撞，共同编织着丰富多彩的文明图景。

护肤品牌珀莱雅于2022年"三八"国际妇女节推出的短片《醒狮少女》，以"性别不是边界线，偏见才是"为主题，讲述广州南兴合兴堂醒狮全女班的故事，这一创意展示了女性在舞狮这一传统民间艺术中的力量与坚韧，打破了社会对女性性别的刻板印象，传递出性别平等的价值观，体现现代广告对女性形象的尊重。此外，珀莱雅还联动其他品牌，从广告界出发，为性别平等发声。他们特别邀请了凯知乐、快手、美团外卖、小天鹅、Babycare、dresscode、MaiaActive等品牌参与主题活动，在广告中呈现多样化的女性和男性形象，并投放于各大一线城市商圈。这个营销案例体现了品牌对社会责任的担当，以及对构建性别平等世界的努力。

广告，作为信息传播的重要载体，在推广过程中自然会针对特定的用户目标和受众群体进行精准定位。然而，这并不意味着可以忽视开放包容的原则，其责任与伦理核心在于真实性与社会价值的平衡。广告活动更应秉持公平与公正，避免刻意迎合某一受众群体而无意中伤害到其他群体。广告本质上是一种交往的艺术，它应当尊重每一个个体，呵护特殊群体的情感利益，以此确保广告市场的和谐稳定，实现共赢共荣。

第二节 消费社会中的伦理困境

消费广告中的伦理困境集中体现在商业利益与社会责任的博弈：一方面，品牌为刺激消费可能夸大产品功效（如抗衰护肤品营造年龄焦虑）、利用大数据精准推送诱导过度购买（如算法推荐的"沉浸式剁手"直播间），甚至通过虚构场景制造需求幻觉；另一方面，社会责任要求广告避免物化女性、尊重文化禁忌，并减少对环境与资源的负面影响，这种张力迫使广告从业者在创意自由与道德边界之间寻求平衡。

随着广告业日新月异的发展，国家相关部门已经相继出台了针对各类新形式和新平台的广告规范法案。然而，令人遗憾的是，仍有不少品牌试图在法规的边缘游走，推出存在争议的广告来吸引眼球和热度。这种行为不仅损害了广告行业的健康发展，也给整个行业的秩序带来了极大的干扰。它不仅损害了消费者的利益，更破坏了广告行业的公信力和形象。

一、虚假广告

《中华人民共和国广告法》第四条中指出："广告不得含有虚假或者引人误解的内容，不得欺骗、误导消费者。广告主应当对广告内容的真实性负责。"显然，虚假广告不仅是一种违法的行为，而且在广告伦理失范的现象中占据了显著地位，其影响不容小觑。广告的本质在于向消费者准确地传达产品的功能与价值，以便消费者能够迅速找到并锁定所需的产品。其中，真实性是广告的基石，更是消费者在选择产品时最为关键的参考依据。

然而，随着商品经济的蓬勃发展，媒介技术的日新月异，产品之间的竞争愈发激烈，而与此同时，一些不法分子利用愈发高超的造假技术，使得虚假广告泛滥成灾，且变得难以辨识。这些虚假广告的表现形式多种多样，包括但不限于提供误导性的虚假信息、夸大广告效果、宣传内容与产品实际性能严重不符，以及利用文字游戏误导消费者等。这些行为不仅损害了消费者的权益，也破坏了广告行业的健康发展。

二、不正当竞争的比较广告

比较广告作为一种广告行业的常见手法，其本质在于广告主将同等或相似定位的产品、服务置于对比的舞台上，通过精心策划的对比，凸显出自身产品或服务的独特优势，进而影响消费者的购买决策。然而，在这种形式的广告中，也存在一些广告主为了抢占市场份额，不惜采取不正当手段，捏造并散播虚假信息，以此诋毁竞争对手的商业信誉和商品声誉，从而引发不正当竞争行为。

对于不正当竞争的界定，通常包含两大方面。一方面，某些品牌可能通过模仿其他知名品牌的包装和广告策略，误导消费者，使其产生混淆，进而损害被模仿品牌的商业利益。另一方面，更为直接的手段则是捏造并散布关于竞争对手的虚假事实，直接指向其商业信誉，造成其声誉受损，甚至影响市场地位。这两种行为都严重违反了广告行业的道德规范和法律法规，应受到严厉打击和惩处。

三、宣扬不当价值观

广告是一种商业活动，但也发挥着传递信息、引导舆论、塑造观念的作用。广告行为不仅具备经济意义，也具备伦理意义。它在宣扬产品时，也具备附加内容，隐含着品牌形象、人文关怀、价值观、生活观等多方面的信息，例如小米"永远相信美好的事情正在发生"、自然堂"你本来就很美"等广告，通过对价值观的宣传，引起消费者共鸣，从而引导消费者购买。但在商业经济发展浪潮下，不少广告出于逐利的目的，更愿意通过激发矛盾、挑战三观、鼓吹不良风气等手段吸引眼球，宣扬不正当价值观。

非主流价值观念的宣扬：非主流价值观念包含多个方面，例如塑造男女性别对立、物化女性、歧视某一特殊群体、鼓吹社会不良风气、违背社会公序良知等。这些观念的宣扬，意在通过利用消费者暂不成熟的心理，直击情感痛点，对其进行迎合性宣传，只关注是否能够引起消费者注意，从而与其产生共鸣，而忽视了广告传播本应承担的社会责任。

宣传色情与暴力：色情与暴力，始终是广告伦理失范问题中备受瞩目的核心议题。随着互联网技术的飞速发展，信息内容呈现爆炸式增长，传播速度更是日新月异。在这种背景下，一些广告主为了在众多繁杂的信息中脱颖而出，过度追求眼球效应，不惜采用色情与暴力元素来制作广告，企图迎合部分消费者的低俗趣味。然而，这种信息的传播对于心智尚未成熟的青少年来说，其潜在影响不容忽视。他们可能会受到不良广告的误导，将其中展示的行为视为模仿的典范，从而严重违背社会普遍认同的道德规范，进而破坏社会风气和价值观念。这种行为不仅损害了广告行业的声誉，也对社会的和谐稳定构成了潜在威胁。因此，我们必须对色情与暴力广告予以严厉打击，并加强广告行业的自律，确保广告内容的健康、积极和正向。

过度宣扬消费观念：近年来，随着生活质量的持续提升，一种过度渲染消费的广告风气悄然兴起，它们以"品位、地位、追求"为包装，大肆宣扬个人主义和享乐主义，使得生活品位和物质追求成为社会的流行风尚。这些广告主巧妙地为产品塑造鲜明的消费符号，使得消费者在购买产品时，不仅是为了满足实际需求，更是为了购买产品背后所蕴含的消费象征。消费者在广告主一轮轮的激情轰炸中，失去理性，成为消费主义的附庸。例如近几年来我国出现的各种消费热潮：精致的猪猪女孩怎么能没有热销的口红色号、潮流的朋克都拥有几双 AJ 球鞋、每个女孩都应该拥有一件香奈儿等。这些广告语通过为产品贴上特定的标签，赋予其丰富的价值内涵，营造出一个看似时尚、前沿的消费环境，让消费者产生一种错觉，仿佛没有这些产品，生活就会失去色彩，从而迷失自己的个性，被消费浪潮裹挟，追求一种虚假的情感满足。

四、侵犯受众利益

随着网络时代的浪潮汹涌而至，广告与消费者之间的关系正经历着前所未有的重塑。广告的传播时间显著缩短，传递内容日益丰富，传播渠道也呈现出前所未有的扩展态势。如今的广告不再局限于传统的图片或视频形式，而是巧妙地融入信息流广告、原生广告、贴片广告等更加隐秘和多样化的形式，悄然间抵达消费者的视野。然而，在这个网络广告蓬勃发展的时代，我们也必须正视其背后的挑战。目前，网络广告仍处于野蛮生长阶段，无论是伦理规范还是法律监管都尚未完善成熟。因此，不难看到一些广告为了追求效果，突破伦理底线，产生失范行为，这些行为最终都对消费者的利益造成了严重的侵害，不仅损害了广告行业的声誉，也对社会的和谐稳定构成了潜在威胁。因此必须加强对网络广告的监管，建立健全的伦理规范和法律法规，确保广告行业的健康发展，保护消费者的合法权益。

1. 强制推送侵犯受众信息接收自由

在数字时代，强制推送广告严重侵犯了受众的信息接收自由。与传统广告时代相比，那时人们可以通过换台或关闭电视来避免广告信息的侵扰。然而，在现今的网络环境中，受众却面临着广告无处不在的困境，失去了自主选择观看广告的权利。弹窗广告尤为突出，它们无视受众的意愿，肆意闯入视线。不论你是否需要，每当打开电脑或登录网站，这些弹窗广告都会不请自来，让人无处可躲。这种强制性的观看体验不仅是对受众主体性的严重挑战，更是对受众时间的浪费和心情的干扰。同时，这种行为也剥夺了受众的选择权，是广告主追求经济利益而无视社会道德伦理的体现。《中华人民共和国消费者权益保护法》第九条明确规定，消费者享有自主选择商品或服务的权利，因此消费者有选择是否接受广告推送的自由。强制推送行为通过技术手段（如无法关闭的弹窗、诱导跳转）限制用户选择，实质上剥夺了用户的拒绝权，构成对法定权利的侵犯。根据《中华人民共和国个人信息保护法》第二十四条，通过自动化决策推送个性化广告时，必须提供"不针对个人特征的选项"或"便捷的拒绝方式"。而强制推送往往通过捆绑服务、隐藏拒绝按钮等方式规避该条款。强制推送的本质是商业利益对个人信息自决权的侵蚀，随着《中华人民共和国个人信息保护法》的实施与司法判例的积累，我国正逐步构建起"技术向善"的广告生态。

2. 精准推送侵害受众隐私

随着数据处理技术的突飞猛进，精准推送已成为网络广告投放的常态。在这一过程中，平台深度挖掘并收集受众的各类信息，包括但不限于年龄、身份、性别、家庭状况、购物习惯，甚至窥探聊天记录，以精准分析受众的需求与偏好，进而实现广告的定向推送。虽然这种策略在一定程度上提升了广告投放的效率，减少了资源浪费，但其背后却隐藏着对受众隐私权的过度侵犯。想象一下，刚刚在微信与朋友热烈讨论一家西餐厅的美食令人陶醉，紧接着在打开新闻资讯的瞬间，便被西餐厅的广告精准锁定，这种无缝对接的推送方式令人震惊。更为严重的是，若这些敏感数据不慎泄露，受众可能遭受无休止的骚扰电话、垃圾短信和邮件轰炸，这无疑是对受众个人隐私权的严重践踏。作为广告人应当集体呼吁，在追求广告效果的同时，必须坚守尊重和保护个人隐私的底线，确保技术进步的成果不会成为侵犯个人隐私的利刃。

福柯在的《规训与惩罚：监狱的诞生》中提出"全景监狱"理论（panopticism），隐喻揭示了现代社会中权力运作的无形化和渗透性：权力不再依赖直接的暴力或压迫，而是通过制度、规则和监控让个体内化被观察的意识，从而自我约束行为。在消费和媒介领域，社交媒体、搜索引擎和电商平台通过数据收集和分析，扮演了"中央塔楼"的角色，不断追踪消费者的行为轨迹，并基于这些数据进行广告推送和消费引导。尽管消费者可能并未感受到直接的监视，但这种无形的控制已经深刻影响了他们的选择和行为，从而形成一种"自愿接受"的监控模式。这种现象引发了关于隐私权、数据安全和自主性的广泛讨论。

3. 过度追求商业降低用户体验

当互联网平台或产品过度追求商业化，其原本的服务宗旨和用户体验往往会被牺牲。在这种背景下，广告泛滥、营销信息充斥，导致用户在使用过程中感受到的不仅是便捷和高效，更多是干扰和困扰。原本应为用户提供价值的内容被大量的商业推广所淹没，这不仅影响了用户获取信息的效率，更降低了用户的使用体验。以知乎为例，作为一个以高质量问答和原创内容为核心的平台，其初衷是帮助用户找到有价值的信息和见解。然而，随着商业化进程的加速，知乎上充斥着各种营销性质的帖子和商品推销软文，这不仅破坏了原本的知识分享氛围，也使用户在浏览和搜索信息时感到疲惫和不安。商业与初心并非背道而驰，盈利与用户体验也并非相互排斥。盲目地依赖广告作为盈利模式，不仅是对用户的不负责任，更是对知乎品牌价值的损害。在竞争激烈的互联网环境中，只有真正站在用户的角度，持续优化产品体验，知乎才能赢得更多用户的支持与拥护，持续稳健地发展壮大。

五、热搜支配的"顶流"

热搜支配的"顶流"指的是在网络平台中，特别是社交媒体和搜索引擎中，那些凭借极高的搜索量、关注度和讨论度，频繁登上热搜榜，并因此受到广大用户关注和追捧的人物、事物或内容。该词于2017年出现在互联网，并广泛流行于饭圈中，指的是名气高的明星或内容，他们的话题性非常高，能够引起大众的广泛关注。顶流的标准不仅包括粉丝数量和话题讨论度，还包括其影响力、商业价值和社交媒体影响力等多方面因素。

顶流现象的出现，为娱乐圈、网红圈等带来了极大的商业价值和影响力，但同时也引发了关于流量造假、炒作等问题的争议。点开微博，霸居热搜榜的大多数都是明星八卦，品牌花大量推广费购买的标有蓝色"商""荐""广告"标志的标题即便跻身热搜榜，除了刷出来的数据，点击的人数寥寥无几。追星粉丝和吃瓜群众是热搜榜流量的主要"贡献者"，业界和学者多有批判"微博热搜'泛娱乐化'问题"。热搜支配的"顶流"是互联网时代的一个独特现象，它反映了网络文化和社交媒体平台对公众话题和人物的影响力。我们需要关注顶流现象背后的炒作和造假问题，以维护网络生态的健康和稳定。

第三节　广告相关主体与行业规范

广告活动并非仅单向的信息流通，而是一个由多方主体交织而成的复杂互动网络。在这个网络中，广告伦理的失范行为犹如涟漪般波及整个传播链条的各个环节，彼此间紧密相连、互为因果。面对这一挑战，不能仅满足于对违规广告的事后处罚，而应深入挖掘其制度层面的症结所在，致力于构建一个稳固、坚实的广告伦理基础秩序，从源头上预防并治理广告伦理失范问题。只有这样，我们才能确保广告活动在健康、良性的轨道上持续发展，为社会和消费者创造更多价值。唯有如此，广告伦理才会更加完善，才能更好地促进广告行业的发展与进步。

一、防范机制责任明确

一则广告从构思到诞生，再到广泛传播并产生实效，是一个多方深度参与、协同合作的复杂过程。广告主通过业务委托，与广告公司携手合作，精心制作广告内容。随后，这些广告作品在媒体平台上精准投放，与此同时，广告公司和媒体平台共同肩负起业务承接与严格审核的双重职责。最终，通过广告媒体平台，受众以理性的态度解码并接收广告信息。

然而，这一过程并非孤立存在，它还受到广告行业协会及相关部门的严格审核与监督。因此，在广告伦理规范的建设中，明确各方参与者的责任机制至关重要。各方需积极扮演负责任、讲道德的社会角色，确保广告在传播过程中能够最大限度地发挥整体效果。

在这一过程中，广告主作为起始点，首先要确保自身产品的品质卓越，避免以次充好，提供安全合格的资质证明，并坚决杜绝凭空捏造产品信息。同时，广告主应提供优质服务，并对服务做出明确承诺，树立诚信形象。

广告制作者在投放广告时，需以理性的态度对待广告主的需求，同时对广告主进行反向监督，确保投放产品的品质。在广告创作过程中，要把握好真实与夸张之间的界限，注重广告效果的同时，也要传递正向的价值观。在广告传播过程中，应遵循传播规律，以正确的舆论方向和价值导向为基石，确保广告信息的正面影响。

明星代言作为广告界的常见形式，代言人在享受消费者信任带来的利益时，更应承担起对消费者的责任。他们应基于实际使用经验进行代言，不得对未使用过的产品或服务进行虚假宣传。

广告媒体作为广告传播的重要平台，应建立完善的审核机制，根据产品类别和广告内容实施分级分类管理。采取先审后发的策略，严格把关，避免违法、虚假及价值观不正当的广告在平台上广泛流传，维护广告伦理环境的纯洁与健康。

作为广告传播的终端受众，我们也应提高媒介素养，学会辨别伦理失范的广告内容，并主动抵制问题广告。在发现不良广告时，及时向有关部门投诉举报，从自身做起，共同维护广告伦理环境的和谐与稳定。

二、广告人的行业自律

广告行业自律是广告业发展到一定阶段的产物，是广告业发展为独立经济的必然结果[①]。迄今为止，广告法律制度仍在不断完善，这无疑给部分广告主在追求商业利益时提供了钻法律漏洞的机会。面对这一挑战，广告人的行业自律显得尤为重要。作为广告行业的从业者，我们肩负着自我审查和自我约束的责任，以高标准的道德和职业规范来指导我们的广告行为。通过严格的自律，我们能够有效遏制不法行为，维护广告行业的声誉和公信力，进而推动广告行业的正向、健康发展。

自网络平台兴起，社交广告、电子商务广告等多种广告形态迭出，虚假违法广告行为比比皆是，例如一些秒杀、免单、马上涨价、强制分享、集赞利诱等广告，不断刺激消费者，使其产生焦虑心理，带来负面情绪影响，这些广告投入小、数量大、更新速度快，且广告主缺少相应法律知识。因此对待网络广告，在通过工商管理或者法律途径进行约束的同时，更要发挥广告行业的自律作用，充分发挥其监测职能，明确广告制定标准，对广告主进行宣传培训，三者形成协调互动，多维度、多渠道地进行广告规范。

广告行业自律要求广告业成立自律组织。1919 年万国函授学堂上海办事处和一些广告界人士成立我国第一个广告行业工会"中国广告公会"，1983 年中国最大的广告行业组织"中国广告协会"宣告成立，承担起对全国广告从业者的指导和协调作用。此后，各地各行业也纷纷组织自己的广告协会。然而直至今日，广告协会依然面临着覆盖范围小、准入门槛高、职能重类似、自主性差等问题，因此，加强广告协会自身建设对于广告伦理规范同样重要。协会必须能够发挥起政府、监管部门与广告主之间的协调作用，增强自身的组织职能和监察职能，明确需

[①] 陈正辉. 广告伦理学［M］. 上海：复旦大学出版社，2008.

要遵守的广告行业准则，充分发挥协会的凝聚作用和核心作用，提高广告行业的伦理道德水平。

三、建立健全广告法律法规

伦理是对道德层面上的约束和协调，注重自觉性和劝告性，它无法以明确的标准和强硬的姿态面对广告伦理失范的行为。法律是通过一套制度确定一系列规则，来规定广告主、广告发布者等在广告传播中可进行的事务和不可进行的事务。广告是一种商业活动，牵涉利益众多，它并非无规则的行业，需要法律和道德共同发挥作用，才能保证广告行业的良性运转。特别是进入互联网时代，广告形式与数量的急剧增加，转变管理模式，平衡各方利益，明确法律边界变得更加重要。

2015 年，国家颁布新版《中华人民共和国广告法》对 1994 年的广告法做出了大幅度的修改和调整，并在保健食品、互联网广告方面做了重要修订，针对广告虚假要素、欺诈范围、宣传规则、广告主体等确定了更加明确的边界。2021 年，《中华人民共和国广告法》再次修正。2016 年国家工商总局出台《互联网广告管理暂行办法》，该办法针对互联网广告的特殊性，从广告定义、发布规则、主体责任、处罚机制等方面构建了监管框架。2023 年《互联网广告管理办法》是我国首部全面规范互联网广告活动的专门立法，取代了 2016 年的《互联网广告管理暂行办法》，新规针对数字经济时代广告形式的多元化、技术化特征，将近年来兴起的直播电商、短视频广告、知识付费广告、算法推荐广告、付费搜索广告、弹出广告、自媒体软文等纳入监管范围，从监管范围、广告标识、主体责任、用户权益保护等方面进行了系统性升级。

2021 年《中华人民共和国个人信息保护法》开始施行，是重点保护个人信息的专门法律，立法目的在于保护个人信息权益，规范信息处理活动，促进数据合理利用。监管主体由国家网信部门统筹，公安、工信等部门分工负责，构建了"用户权利-企业义务-监管责任"的全链条保护体系，既赋予个人对信息的自主控制权，也为数据利用划定边界，推动形成"保护与发展并重"的数字治理生态。

中国广告与消费法律体系通过真实性约束、特殊品类监管、数据隐私保护三大支柱，平衡商业创新与消费者权益。建设全面而完善的法律体系，能够对广告行为进行指引、预防、规范和强制，保证广告行业发展得健康有序，推动广告在伦理道德层面更上一层台阶。

第八章

未来广告的无限可能

伴随着智能技术的渗透，目前的广告正在向着交互反馈的方向发展。首先，智能时代可以获取的用户信息范围被大幅拓展，对用户偏好划分的颗粒度将越来越小，相当于拿着显微镜观察你；其次，数据流动替代信息获取，在智能时代，不管是信息获取还是信息推送，都将变得没有太大意义，实时的数据更新才是关键，所以广告会以数据的形式实时汇入用户数据流；再次，数据营造场景，场景激发行动，未来的广告是数据活体，无处不在又随时可变，受体验感召，是行为的舞伴；最后，用户与数据活体之间将产生强烈的反馈效应，广告就像是用户的量子共生态，用户在成长，广告在进化，因为用户的成长广告得以进化，因为广告的进化用户得以成长。

——摘自《使能：人工智能驱动经济高质量增长》①

---

① 隋越. 使能：人工智能驱动经济高质量增长 ［M］. 北京：电子工业出版社，2024.

第一节 未来广告的核心驱动力

一、AIGC：科技赋能广告生产

在 2023 年全球数字广告支出突破 6 000 亿美元的产业图景中，生成式 AI 广告正在重塑整个行业的创作路径。基于深度学习模型的智能系统，可以自动生成广告文案、视觉设计、视频内容、实时优化投放策略，将传统广告制作周期从数周压缩至分钟级，广告生产正经历从"人工创意"向"人机共创"的范式转移。

中国互联网络信息中心在北京发布的第 55 次《中国互联网络发展状况统计报告》显示：截至 2024 年 12 月，我国已有 3.31 亿人表示自己听说过生成式人工智能产品，占我国总人口的 23.5%；有 2.49 亿人表示自己使用过人工智能产品，占整体人口的 17.7%；利用生成式人工智能产品回答问题的用户占 77.6%，将生成式人工智能产品作为办公助手的用户占比达 45.5%[①]。关于人工智能是否会取代广告公司，在 2024 年 12 月《经济学人》中的一篇文章《别了，唐·德雷珀：人工智能将席卷广告业》（"Farewell, Don Draper: AI is coming for advertising"）里给出一个值得思辨的回答："'如果我在寻找最先进的人工智能，我会去找广告公司吗？你疯了吗？'阳狮集团（Publicis）前首席策略师里沙德·托巴科瓦拉（Rishad Tobaccowala）问道。他认为，人工智能将成为一种服务，就像电力一样，而不是一种竞争优势。"[②] 人工智能确实

---

① 中国互联网信息中心. 中国互联网络信息中心在京发布第 55 次《中国互联网络发展状况统计报告》［EB/OL］.（2025-01-17）.https://cnnic.cn/n4/2025/0117/c208-11228.html.

② 英文原文："If I'm looking for state-of-the-art AI, am I going to go to my ad agency? Are you crazy?" asks Rishad Tobaccowala, a former chief strategist at Publicis. AI will be a service that agencies plug into, like electricity, rather than a competitive differentiator, he argues.

对广告行业带来创作上的冲击，但是广告公司的媒介代理、客户沟通、创意定制等服务是人工智能替代不了的，作为广告从业者，应当拥抱人工智能，将其作为工具助理，辅助项目完成得更好。例如 2024 年罗振宇"时间的朋友"跨年演讲上推出了"Get 笔记"，产品功能定位是"你只管说，AI 帮你记下来"，此时人工智能作为一个基于文本内容的读书笔记和灵感速记助手，而并不能代替人本身的读书体验和思考。

从生成对抗网络（GAN）到 Transformer 模型架构，再到扩散模型（Diffusion Model）的突破，生成式 AI 逐步攻克了文本-图像-视频的多模态生成难题。Stable Diffusion、Midjourney、Runway、Sora 等工具可以帮助设计师完成影像内容创作，文心一言、通义千问、ChatGPT、Deep-Seek 等则可以完成创意策划和文案写作。截至 2025 年 2 月 28 日，市面上各类 AI 工具不胜枚举（见表 8.1），在写作、问题、绘图等领域发挥着巨大的作用。

表 8.1　市面上的主流 AI 工具

年份	AI 名称	AI 功能	研发公司	国家
2025	DeepSeek	自然语言处理，聊天机器人	杭州深度求索人工智能基础技术研究有限公司	中国
2025	OpenAI Operator	跨平台任务自动化（代码编写、旅行预订、会议安排、数据分析等）	OpenAI	美国
2025	搜狐简单 AI	AI 绘图、文案生成、图片处理（生成创意海报、商品图、证件照等）	搜狐	中国
2024	谷歌 Astra/Veo/Imagen 3	AI 搜索、文生视频（Veo）、文生图（Imagen 3）、多模态交互（Astra）	Google	美国
2024	Microsoft Team Copilot	会议主持、议程管理、实时翻译（Edge 浏览器）、办公流程自动化	微软	美国

年份	AI 名称	AI 功能	研发公司	国家
2024	Midjourney	AI 生图（艺术创作、风格化设计）	Midjourney	美国
2023	Kimi	自然语言处理，聊天机器人	北京月之暗面科技有限公司	中国
2023	NExT-GPT	多模态聊天机器人	新加坡国立大学	新加坡
2023	Perplexity	自然语言处理，聊天机器人	Perplexity AI	美国
2023	Character. AI	虚拟角色聊天机器人	Character. AI	美国
2023	Mistral AI	自然语言处理，聊天机器人	Mistral AI	法国
2023	通义千问	自然语言处理，聊天机器人	阿里巴巴	中国
2023	Gemini	多模态 AI 模型，聊天机器人	谷歌	美国
2023	文心一言	自然语言处理，聊天机器人	百度	中国
2023	Claude	自然语言处理，聊天机器人	Anthropic	美国
2023	Google Workspace AI	办公自动化（文本生成、邮件总结、幻灯片制作、会议记录等）	Google （Alphabet）	美国
2022	ChatGPT	自然语言处理，聊天机器人	OpenAI	美国

数据来源：整理自网络。

AIGC（artificial intelligence generated content）技术的出现为广告行业带来了革命性的变革。AI 工具如 ChatGPT、Midjourney 等已广泛应用于广告创作和营销活动中，为广告行业带来生产力的变革。在文案创作、图像和视频生成等方面，AIGC 技术可以替代部分人工工作，降低制作成本。利用自然语言生成（NLG）技术，AIGC 可以自动生成符合品牌调性的广告文案。例如使用 GPT 系列模型可以针对不同受众生成个性化广告文案，大大减少了人工创作的时间和成本。通过生成对抗网络（GAN）和深度学习技术，AIGC 可以自动生成高质量的图像和视频内容。在广告生产中，这意味着设计师可以更快地获得所需素材，提高创作效率。例如，擎舵 2.0 平台支持"一键成片"功能，用户只需输入品牌名、卖点等关键信息，即可快速生成视频广告，尽管就目前的技术而言，视频未必能直接投放使用，但至少可以作为创意的发散工具。

AIGC 可以基于历史广告数据和算法，分析受众喜好和趋势，为广告创意提供数据支持。其通过数据驱动的生产创意，指导广告策划，使广告内容更符合目标受众的偏好。AIGC 能够基于观众群体的特性，如喜好、地域、年龄等，生成个性化的广告内容，甚至包括剧情、画面风格、音乐和语调等方面的个性化调整，以提高广告的吸引力和转化率。AIGC 在广告制作中采用高效的生产流程，自动化执行视频剪辑、色彩校正、音效匹配等制作环节，能够明显加快广告生产速度，降低制作成本，提高生产效率。

亨氏番茄酱成立于 1869 年，在美国家庭的地位相当于中国的"老干妈"。该品牌的广告策略充满了创新和吸引力，其长期以来的营销活动和广告创意成功地为品牌塑造了独特的形象，并在消费者心中建立了深厚的情感连接。2022 年亨氏在全球范围内邀请消费者来"画番茄酱"，并邀请公众提交他们的番茄酱图画，有机会赢得印有他们标签的定制瓶。2023 年亨氏利用 AI 图像生成工具 DALL-E 2，通过"以文生图"的方式画出不同的番茄酱。无论输入什么关键词，最后生成的图片都像"亨氏"的产品。通过 AI 技术生成与品牌相关的视觉内容，强化了品牌形象和产品特点，提升了消费者对品牌的认知度和好感度。

2023 年 6 月，天猫 618 购物节携手 20 个品牌，策划了"天猫 AI 玩行动"，使用 AIGC 技术为 20 个品牌定制宣传海报，生产出创意十足的产品图片和消费场景图片。在同年 11 月的双十一活动中，品牌数量从20 个增长到 50 个，策划出"天猫双 11·AI 花车大巡游"，用 AI 为每个品牌定制"花车"，最后生成一支包含 50 辆花车巡游的动态视频。

2023 年 4 月，麦当劳发布了的 AIGC 宣传广告——"M 记新鲜出土的宝物"。这些令人瞩目的宝物，是麦当劳携手消费者与粉丝，借助尖端的人工智能技术共同创作的艺术结晶。它们巧妙地融合了青铜的庄重、白玛瑙的纯净以及青花瓷的典雅等传统文化元素，彰显出深厚的历史底蕴和独特的艺术魅力。通过将传统文化与现代快餐的创意碰撞，麦当劳的 AIGC 广告不仅淋漓尽致地展现了品牌的独特魅力与创意活力，更在无形中加深了消费者对传统文化的感知与认同，让传统与现代在味蕾与视觉上得到了完美的交融。

基于人工智能的个性化广告文案生成技术正在彻底改变广告业的内容创作方式。借助 AI 的强大数据分析和自然语言处理（NLP）能力，广告人可以快速、高效地生成符合用户兴趣、情感和个性需求的文案，从而提升广告的吸引力和转化率。基于自然语言处理的情感识别技术能够帮助 AI 了解用户的情绪变化，分析用户在不同情境下的情感需求，从而生成能够引发情感共鸣的广告文案。例如，通过分析用户评论或社交媒体的表达，AI 可以识别用户的积极情绪（如好奇心、愉悦）或消极情绪（如不满、焦虑），并针对这些情绪生成具有同理心的广告文案，使品牌信息更具吸引力。通过机器学习训练，AI 可以生成多种风格和结构的文案模板，以满足不同场景的需求。广告人可以预先设定不同的文案模板，AI 则根据用户数据选择最适合的模板。例如，对于推荐新产品的文案，可以采用"为什么选择我们"的格式，而对于促销活动的文案，可以采用"限时优惠"的模板，生成直接打动用户的内容。

2023 年可口可乐启动了一项令人瞩目的项目——"创造真正的魔力"，邀请全球数字创意人士携手 OpenAI 和 Bain & Company，共同将 GPT-4 和 DALL-E 等生成式 AI 技术应用于广告内容创作。AI 根据可口可乐的品牌历史、营销主题及用户行为数据，生成充满创意的广告文案。品牌可以快速生成多种广告版本，从中挑选出最能引发用户情感共鸣的表达，比如"分享一杯 Coca-Cola，感受每一刻的清爽"。这一创新方式不仅让可口可乐能够高效地产出大量个性化广告语，还能确保广告始终契合品牌调性。

宾利汽车利用个性化广告技术，通过 AI 分析用户行为数据，生成特定受众群体专属的广告文案。根据用户对不同车型、驾驶偏好和购买历史的分析，AI 可以生成包含用户姓名、特定车型亮点的个性化文案，如"[用户姓名]，探索全新宾利[车型]，为您量身打造的奢华驾驶体验"。这种深度个性化文案不仅增强了品牌吸引力，还大大提升了用户的品牌记忆度。

Sephora 通过 ChatGPT 为用户生成个性化的美容产品推荐文案。AI 会根据用户的肌肤类型、年龄和美容偏好，生成不同的产品推荐广告文案。当用户浏览护肤品页面时，ChatGPT 会生成相关的个性化广告文案："专为干性肌肤设计的保湿霜，帮助您全天保持水润光泽！"通过这种自动化推荐，Sephora 不仅增强了广告内容的相关性，还提升了用户购买的可能性。

假设我们作为生活博主，以瑞幸咖啡 2024 年 7 月推出的"冷热随心泡·锁鲜袋泡咖啡"为产品，写一段小红书平台的推广文案。提示词：你现在是一位生活博主，请联网检索瑞幸咖啡 2024 年 7 月推出的"冷热随心泡·锁鲜袋泡咖啡"信息，根据这一款产品，写一段可以发布在小红书平台的带货推广文案。我们选择 DeepSeek、文心一言和 ChatGPT 三个平台，可以得到以下结果（内容省略表情符号）。

DeepSeek：

瑞幸新品来袭！冷热随心泡·锁鲜袋泡咖啡，打工人的续命神器！

姐妹们！瑞幸又双叒搞事情了！这次的新品"冷热随心泡·锁鲜袋泡咖啡"简直是懒人福音+咖啡控的天菜！3 秒 get 一杯精品咖啡，冷热双泡随心切换，锁鲜技术直接封神！

为什么必须冲？

冷热双泡，解锁 N 种喝法！

热水冲泡是醇香热美式，冷水摇一摇秒变冰咖，加牛奶就是自制拿铁，加点椰浆直接复刻生椰拿铁！一袋玩转全网爆款，性价比天花板！

锁鲜黑科技，新鲜感拉满！

瑞幸自建烘焙基地+全球直采咖啡豆，每一袋都是现磨风味！独创锁鲜技术，咖啡粉3秒释放香气，比外卖更快更鲜！

0糖0脂，健康无负担！

延续瑞幸"四个0"健康标准，0植脂末、0反式脂肪酸、0阿斯巴甜、0氢化植物油！减脂期也能放肆喝，打工人的清醒水就是它！

便携王炸，随时随地续命！

出差、露营、办公室抽屉常备！独立包装撕开即泡，再也不用排队等外卖，"早八人"狂喜！

隐藏喝法安利！

1. 冰摇桃桃咖：袋泡咖啡+冰水+桃子果酱，摇匀后巨清爽！

2. 生椰dirty：冷水泡咖啡后直接倒椰奶，分层超治愈！

3. 咖啡冻撞奶：咖啡液+白凉粉冷藏，切块后加牛奶，下午茶直接封神！

限时福利！

现在入手还送"瑞幸周边杯套+贴纸"，小红书打卡晒图还能抽9.9元周周券！姐妹们，手慢无！

点击左下角囤货，或直接冲门店！

#瑞幸新品 #锁鲜袋泡咖啡 #冷热双泡 #打工人续命水 #咖啡的神仙喝法

（注：文案灵感结合瑞幸产品创新力、健康化趋势及供应链优势虚构，实际产品请以官方信息为准）

文心一言：

瑞幸新品来袭！冷热随心泡·锁鲜袋泡咖啡，你的便捷咖啡新选择！

亲爱的咖啡爱好者们，瑞幸咖啡又给我们带来了惊喜！这次的新品——"冷热随心泡·锁鲜袋泡咖啡"，简直是咖啡便捷性和美味度的完美结合！

这款袋泡咖啡的设计超级贴心，就像茶包一样独立包装，食品级进口无纺布滤袋，充氮锁鲜，保证每一口咖啡都新鲜如初。而且，再也不用为繁琐的冲泡工具烦恼啦！

风味选择也是杠杠的！焙炒榛果风味和顺滑黑巧风味，两款都超级赞！焙炒榛果风味略带清新果香，回味悠长；顺滑黑巧风味则凸显醇厚苦感和烟熏风味。每一款都能满足你对咖啡的不同需求！

冲泡方法也是超级简单！冷泡的话，只需要将袋泡咖啡放入可密封的杯子中，加入常温水，放入冰箱冷藏 8 小时左右，就能享用一杯冰爽美味的咖啡啦！热泡的话，注入 90~95 摄氏度热水浸泡 8~12 分钟，就能品尝到一杯热腾腾的咖啡。真的是冷热随心，想怎么泡就怎么泡！

价格也是超级亲民！一杯不到 3.5 元，就能享受到如此高品质的咖啡，真的是性价比超高！快来尝尝吧，相信你会爱上这款"冷热随心泡·锁鲜袋泡咖啡"的！

赶紧下单，让你的每一天都充满咖啡的香醇与美好！快来和我一起享受这份便捷与美味吧！

#瑞幸咖啡 #冷热随心泡 #锁鲜袋泡咖啡 #咖啡新品 #便捷咖啡 #美味咖啡 #高性价比

ChatGPT：

瑞幸咖啡于 2024 年 7 月推出的"冷热随心泡·锁鲜袋泡咖啡"，采用先进的锁鲜技术，确保每一杯咖啡的新鲜与香醇。无论是炎炎夏日还是寒冷冬季，这款咖啡都能满足您对冷热咖啡的需求，随时随地享受专业咖啡师般的品质。简便的冲泡方式，让您在家中、办公室或旅途中，都能轻松享受一杯香浓的咖啡。无论您是咖啡爱好者，还是追求生活品质的您，这款产品都是您的不二之选。

写一段小红书文案可能需要半个小时或者更久，但同时让 AI 工具帮忙写，只需要想好指令，一分钟就可以生成多个选择，还可以在生成的结果中"比稿"修改，大大提升了媒体人的生产效率。

此类案例不胜枚举。AIGC 在广告生产中的应用具有诸多优势，包括提高广告创意效率、优化广告效果、降低广告制作成本以及提升广告创新能力等，使得广告创作更加数据化、个性化和智能化。AIGC 不仅象征着技术领域的巨大飞跃，更是营销领域掀起的一股创新浪潮。这些创新不仅将重塑我们的营销格局，更将引领我们进入一个充满无限可能的未来。

生成式 AI 广告正在创造"创意民主化"的新纪元，但技术赋能的狂欢背后，需要建立包含算法审计、创作伦理、数字水印在内的新型治理框架。当 AI 单日产能相当于万人员工团队时，行业的真正挑战已从技术实现转向价值重构——如何在机器智能与人文精神之间找到平衡点，将成为决定这场革命走向的关键。

"人工智能对人类知识的影响是自相矛盾的。一方面，人工智能中介能够浏览和分析的数据的规模，比人类在无此协助之前所能想象的要大得多。另一方面，这种处理大量数据的能力，可能也会加大对数据的操纵和误导。人工智能能够比传统的宣传更有效地利用人类的激情，它会根据个人偏好和本能进行调整，以给出其创造者或用户所希望的回应。同样，人工智能中介的运用也可能放大固有的偏见，即使这些中介在技术上还在人类掌控之下。市场竞争的起伏变化促使社交媒体平台和搜索引擎竞相呈现用户最感兴趣的信息。结果，那些被认为是用户喜闻乐见的信息获得了优先排序，扭曲了现实的本来面貌。就像技术在 19 世纪和 20 世纪加速了信息生产和传播的速度一样，在这个时代，信息正因人工智能在传播过程中的参与而发生改变。"[①]

人工智能对人类知识的影响呈现出两面性：一方面，它可以推动知识的积累、传播和利用，提升人类社会的整体效率；另一方面，它也可

---

① 基辛格，施密特，胡滕洛赫尔. 人工智能时代与人类未来［M］. 胡利平，风君，译. 北京：中信出版社，2023.

能加剧信息操纵、情感滥用和偏见放大，影响社会对真实的认知。拥抱科技时，我们也要保持独立的思考，在技术创新的同时，我们需要对人工智能的伦理、透明性和公平性提出更高的要求，确保其成为知识增长和社会进步的助力，而非阻碍。

二、区块链：打造去中心化广告生态

1976 年，迪菲（Diffie）和赫尔曼（Hellman）提出了非对称加密概念，为数字签名和公共密钥加密奠定了理论基础。此后，RSA 算法（1977 年）和 Merkle 树（1980 年）的提出，为构建防篡改、分布式数据结构提供了关键技术。到了 1990 年，密码学家尼克·萨博（Nick Szabo）提出"智能合约"的概念，设想用计算机程序自动执行合同条款；与此同时，戴伟提出了"b-money"，而萨博的"Bit Gold"构想也为后来的比特币奠定了思想基础。尽管这一时期涌现了各种电子现金系统和原型，但它们都未能实现真正的商业化。

2008 年，一位化名为中本聪的人士发布了《比特币：一种点对点的电子现金系统》白皮书，提出利用工作量证明（PoW）实现去中心化交易记录的理念。2009 年 1 月，中本聪挖出了第一个区块——创世区块，比特币网络由此正式启动。凭借公开透明的账本、去中心化验证和防篡改机制，比特币成功解决了数字资产双重支付问题，掀起了全球加密货币的浪潮。紧随其后，2013 年年末，程序员维塔利克·布特林（Vitalik Buterin）发布以太坊白皮书，设想构建一个图灵完备的智能合约平台，进一步拓宽区块链技术的应用范围。以太坊不仅支持加密货币交易，更为开发者提供了搭建去中心化应用（DApp）的环境，从而推动了金融、能源、医疗、出版等多个领域的创新应用。

随着智能合约和去中心化应用日趋成熟，区块链技术逐步渗透到更广泛的行业，催生了企业级联盟链和私有链（如 Hyperledger Fabric、Corda 等），同时公有链技术也在不断提升性能和扩展性。区块链 3.0

时代标志着该技术已不再局限于金融领域，而广泛应用于供应链管理、数字身份、物联网及跨链互操作等场景，从而推动了数字经济和 Web 3.0 的发展。如今，随着人工智能、5G、物联网和隐私计算等新技术的成熟，区块链正迈向第四代——区块链 4.0。未来的区块链技术将更加注重性能、互操作性和用户体验，并与新一代信息技术深度融合，共同构建可信的数字经济生态和价值互联网，支持更广泛的社会治理与产业协同。

当前，区块链平台种类繁多，既有面向开放、去中心化的公有链，也有专为企业级应用设计的联盟链或私有链（见表 8.2）。

表 8.2　国内外区块链平台介绍

区块链名称	功能介绍	市场
蚂蚁区块链	阿里巴巴旗下平台，主要应用于金融、供应链、版权保护等领域，具备高性能和安全性	中国
腾讯区块链	腾讯推出的区块链平台，广泛服务于金融、供应链、医疗等领域，特点是高吞吐量和低延迟	中国
超级链（百度超级链）	百度推出的区块链平台，重点支持版权保护、供应链金融和政务等场景，具有高性能与易扩展性	中国
京东智臻链	京东集团打造的平台，用于提升供应链管理效率、商品溯源及版权保护	中国
BSN	中国国家级区块链服务网络，跨云服务、跨底层框架的全球性基础设施，支持公链与联盟链部署	中国
微众银行区块链	微众银行开发的金融场景区块链平台，强调高安全性、低延迟和高吞吐量	中国
币火中国	币火集团旗下平台，提供企业级区块链解决方案，应用于金融和供应链等领域	中国
OK 区块链工程院	OK 集团推出的区块链技术平台，服务于金融、供应链、医疗等多个应用场景	中国
趣链科技	专注于区块链技术研发及应用的企业，为企业提供区块链解决方案，涵盖金融和供应链等领域	中国
唯链	主攻商品溯源和供应链管理的区块链平台，强调高安全性和易扩展性	中国

表8.2(续)

区块链名称	功能介绍	市场
云象区块链	为企业提供区块链服务的技术平台,应用于金融、供应链、医疗等多个行业	中国
Ethereum	全球知名的公有链平台,支持图灵完备的智能合约和去中心化应用,推动 DeFi、NFT 等生态发展	国际
Bitcoin	第一代区块链,以比特币为核心,奠定了以去中心化数字货币和支付系统为基础	国际
Hyperledger Fabric	由 Linux 基金会主导的企业级联盟链平台,采用模块化设计,广泛应用于金融、供应链等领域	国际
Corda	由 R3 开发的分布式账本平台,专注于金融服务和合规交易,强调隐私保护	国际
EOS	高性能公有链平台,支持去中心化应用和智能合约,具有低延迟优势	国际
Stellar	专注于跨境支付和资产发行的公有链平台,通过其恒星共识协议实现快速低成本交易	国际
TRON	去中心化内容分发及娱乐平台,支持高吞吐量和低费用交易	国际
Polkadot	币安推出的 EVM 兼容公有链,提供低交易费用和高性能支持 DeFi 项目	国际
Cardano	采用形式化验证和学术研究设计的公有链平台,目标是提供高度安全、可扩展的智能合约环境	国际
Solana	高性能公链,生态工具包支持开发者构建多链交互的 AI Agent 应用(如 SendAI 的 Solana Agent Kit)	国际
Base 区块链	由 Coinbase 支持的 AI 驱动交易实验平台,探索完全由 AI Agent 执行的链上交易	国际
泰国 SEC 区块链平台	泰国证券交易委员会推出的多链互操作平台,支持证券一级和二级市场交易	泰国
DigiFT	新加坡区块链平台,推动传统金融资产代币化,近期代币化了 Invesco 旗下 63 亿美元信贷基金	新加坡
瑞波(Ripple)	专注于跨境支付的区块链协议,通过 XRP 代币提升国际支付效率	美国

数据来源:整理自网络。

随着区块链技术的快速发展，去中心化广告逐渐成为广告行业的重要发展趋势之一。通过区块链，广告领域可以实现去中心化的广告投放和数据管理，从而提升广告透明度、提高用户隐私保护，同时为广告主、用户和内容创作者创造一个更加公平和高效的广告生态系统。

区块链不可篡改的特性使所有广告数据和交易记录以公开透明的方式存储在分布式账本中，广告主可实时追踪展示次数、点击率及资金流向，有效防范虚假流量与广告欺诈，从而降低中介环节并压缩成本。例如，AdEx Network 便利用智能合约实现广告费用的自动化分配，确保资金流向公开透明，减少中介干预，提升整体投放效率。

与传统模式依赖第三方收集用户数据、易导致隐私泄露不同，区块链赋予用户数据主权和独立数字身份，使其自主决定数据共享。通过数据交易平台，用户可以出售公开数据获得奖励，形成公平交易的数据生态系统。Brave 浏览器上 Basic Attention Token（BAT）的成功实践正是一个典型案例：用户在浏览网页时可选择观看广告，平台则以 BAT 代币对其进行奖励，同时广告主获得了更精准的数据支持和更高效的广告投放环境。

此外，区块链还可削减广告投放中的中间环节，实现广告主与消费者或内容创作者的直接连接。去中介化不仅降低费用，更提升了互动效率和资源分配合理性，目前已有项目探索构建去中心化广告平台，让广告主直接奖励消费者，从而提高资金使用效益与用户参与度。

区块链引入全新用户激励机制，通过代币奖励用户的观看、分享和反馈行为，不仅让数据更真实，也帮助广告主精准洞察用户兴趣，进一步优化广告内容。而智能合约则实现了广告主与内容创作者之间的自动化、透明化收益分配，依据展示、点击和转换数据结算广告收入，杜绝了传统模式中的不透明和结算延迟，同时还能保护知识产权，规范广告素材授权。

Brave 是一款注重隐私保护的浏览器，通过区块链技术和内置广告模式重新定义了在线广告。用户在浏览网页时可以选择观看广告，并在观看后获得 BAT 代币作为奖励。广告主则通过支付 BAT 代币向用户展示广告。在隐私保护方面，Brave 通过屏蔽追踪器和隐私广告来保护用户的个人数据，从而确保用户在享受广告奖励的同时不被滥用数据。Brave 的模式使广告主、用户和内容创作者之间的利益关系更加透明，广告费用直接流向用户和内容提供者，减少了中介的介入。

　　AdEx 是一个基于以太坊的去中心化广告平台，允许广告主与用户直接交易，从而减少了传统广告模式中常见的中介费用和欺诈行为。广告主可以通过 AdEx 平台发布广告，而用户则可以选择查看广告并获得奖励。AdEx 支持多种广告形式，包括展示广告和视频广告，使广告主能够根据目标受众的需求进行灵活投放。所有广告活动和交易记录均在区块链上公开，用户和广告主都可以追踪广告的表现，从而提升彼此的信任感。此外，AdEx 通过智能合约确保广告费用的透明分配。

　　Verasity 是一家创新的技术公司，成立于 2017 年，核心团队由在媒体、视频和技术领域拥有丰富经验的专业人士组成，致力于通过区块链技术解决数字广告行业的常见问题，特别是在电子竞技和视频娱乐领域。公司的核心技术是观看量证明（Proof of View，PoV）——一项获得美国专利的技术，旨在确保视频内容观看次数的合法性和准确性。该系统利用区块链技术实时验证并记录每个广告观看量，能够根据观众行为可靠地辨别是真人还是机器人在观看广告或内容，从而有效防止广告欺诈和虚假浏览量问题。Verasity 的生态系统包括多个产品和服务：电竞战斗俱乐部（Esports Fight Club）是一个电子竞技平台，利用广告收入将 Verasity 技术变现，同时推广其加密货币 VRA 的使用；VeraWallet 是一个内置法定网关的钱包，用户可以在其中存储、交易和管理 VRA 代币；VRA 代币是 Verasity 的官方平台代币，用于在生态系统内进行交易和奖励，所有支付均以 VRA 进行，消除了昂贵的中间商，实现了视频观看者、出版商、创作者、广告商和品牌之间的直接价值交换。通过这些创新，Verasity 在电竞平台打造了一个更加透明、可靠的数字广告环境。

区块链技术为广告行业的透明性、隐私保护和公平分配提供了全新的解决方案。通过去中心化的广告平台和智能合约，广告主、内容创作者和用户之间的互动将变得更加高效和透明，激励机制也将提高消费者的参与度。同时，随着区块链技术的不断成熟和去中心化应用的普及，广告行业将逐步迈向一个以用户为中心、数据自主管理的新时代。

三、美学驱动：广告中的审美与审丑

广告作为现代社会最活跃的文化载体之一，始终处于美学与商业的张力场中。从古典主义的高雅格调，到后现代主义的荒诞解构，广告对"美"与"丑"的定义不断被颠覆。广告如何通过"审美"与"审丑"的双重策略重构视觉语言，并在消费社会中塑造新的意义符号——美与丑的边界，在此过程中成为资本与大众心理博弈的战场。

现代广告设计中，传统的审美观念正与新兴的"审丑"文化交织，形成了一种独特的美学驱动现象。传统广告设计强调视觉上的和谐美感，通过精致的画面、优雅的排版和协调的色彩来吸引受众，其美学体系建立在"理想化"的视觉秩序之上，其本质是对消费欲望的镜像化编码。从可口可乐的圣诞老人到香奈儿5号香水瓶的几何线条，广告通过黄金比例、对称构图、柔和色调等古典美学法则，将商品升华为"完美生活"的象征。这种策略暗合康德"无目的的合目的性"审美观，让消费者在凝视广告时，将商品与"纯粹美"无意识绑定。CG技术、虚拟偶像（如日本Imma）、元宇宙广告等，正在创造超越现实的"超审美"体验。资生堂与TeamLab合作的《漂浮花林》广告中，花瓣的物理轨迹被算法精确控制，形成绝对完美的视觉流动——这种技术美学实则是鲍德里亚笔下"拟像秩序"的终极呈现：真实让位于符号的自我繁殖。路易威登与草间弥生的联名波点南瓜、古驰的文艺复兴风格大片，通过挪用艺术史符号完成阶级品位建构。正如布尔迪厄所言："审美偏好是社会位置的解码器。"广告中的高阶审美，本质是文化资本对消费行为的隐形规训。

随着社会审美多元化，单一、惯常的美学表达已难以满足多样化的受众需求。当过度完美的广告引发审美疲劳，"审丑"作为反体系的美学暴动，正在撕开消费主义的精致面具。"恒源祥，羊羊羊"（十二生肖重复）、"椰树椰汁"的 Word 排版风，这些"审丑"广告以反智性、反精致的设计，在信息过载时代暴力突破注意力阈值。神经学研究显示，人脑对非常规刺激的反应速度比常规画面快 300 毫秒——审丑本质是算法时代的信息搏杀术。

与传统审美相对，审丑文化在广告中的运用日益增多。这种策略通过刻意呈现"不完美"或"另类"的视觉元素，打破常规，引发观众的好奇心和讨论热情。反叛传统审美的做法，既满足了部分受众的猎奇心理，也为品牌赢得了话题性和曝光度。

翁贝托·艾柯在《丑的历史》中讲到一个案例："加州著名的马多那旅馆（Madonna Inn）被指丑怪虚假。开这个旅馆的目的是要给观光客一种特殊的'审美'体验，更是集媚俗之大成。"甚至，艾柯专门写了一篇短文来讽刺马多那旅馆以丑为美的愚昧行为。

对冒牌货的信仰：超现实旅行（1976 年）

自然的人类语言所提供的贫乏字眼不足以描写马多那旅馆……这么说吧，纳粹建筑师史皮尔翻阅一本以高迪为主题的书时，吞下过量的迷幻药，开始以丽莎·明妮莉建造一座结婚用的地下墓室。但这也不足以让你想见这座旅馆的模样。这么说吧，画家阿尔钦博尔多为多莉·帕顿建造圣家族。或许，森巴舞名家卡门·米兰妲为 Jolly 连锁饭店设计座蒂凡尼舞台，小气财神史古基的助手鲍伯来想象邓南遮的胜利者别墅，或者，美国小说家朱迪斯·科兰特为毛公仔产业描写、阿根廷超现实主义画家为这个产业画卡尔维诺的《看不见的城市》，或者，美国艺人李伯瑞斯为肖邦的降 B 大调钢琴奏鸣曲编曲。不对，还是没说对，我们试着说厕所吧。那些厕所在一个地下巨窟里，巨窟有点像西班牙的阿尔塔米拉，或美国的鲁雷，用拜占庭式柱子撑石灰巴洛克天使。洗手盆是大大的仿珍珠贝母的壳，尿斗是从岩石刻出来的壁炉，射出来的尿（对不起，我得解释）碰到斗底，水从壁上下来水势如瀑，像蒙哥星上的洞穴。在底楼，为配合阿尔卑斯山小木屋和文艺复兴城堡的气息，有一落花篮吊灯，上面是乳白灯泡，紫融融的光，维多利亚玩偶在摆荡，墙壁开着新艺术风格的窗子，用法国夏特大教堂的颜色，挂英国摄政时期的织锦……加上其他各种名堂，整个地方变成一只多彩 Jell-O 布丁，一盒蜜饯，西西里冰淇淋，汉赛和葛丽泰的国度。再来是客房，大约 200 间，每间各一主题：各视价钱，可住史前房，是钟乳石洞；狩猎房（斑马墙壁、班图族神像般的床）；柯纳石室（夏威夷式）；加州罂粟、老式蜜月、爱尔兰山、威廉·泰尔式样，和高高矮矮（床是不规则的多边形，给身高相异的寝伴）、帝国家族、老磨坊①。

在以上文字的叙述当中，可以看出旅馆并非从顾客的用户体验或者建筑美学出发，去思考房间内的设计，而是创作怪诞的主题元素吸引旅客来"尝鲜"，这一案例揭示了审丑文化在商业空间设计中的争议性，广告领域同样需警惕"为丑而丑"的营销陷阱。在广告中，审美与审丑是两个相互关联且有时相互交织的概念，共同构成了广告设计的多维景观。

审美在广告中起着至关重要的作用。一个具有良好审美设计的广告，往往能够迅速抓住消费者的眼球，并产生强烈的视觉冲击力。这种设计通常运用色彩、形状、图像、文字等元素，通过巧妙的组合和布局，营造出一种美的感受，使消费者在欣赏广告的同时，产生对品牌或产品的积极认知和情感联系。审美设计的核心在于平衡和协调，它追求的是和谐、统一和优雅，以引发消费者的共鸣和认同。

作为一家花店，朵朵欢诚（DORE FLORA）经营业务不是销售礼品鲜花，而是为奔驰、宝马、OPPO 等大品牌的沙龙会议或主题活动进行

---

① 艾柯. 丑的历史［M］. 彭淮栋，译. 北京：中央编译出版社，2010.

空间花艺装置设计，基于生活美学和鲜花艺术的设计与创新，以鲜花为艺术语言，以自然生命力为设计出发点，打造视觉消费盛宴。2015 年朵朵欢诚品牌成立伊始，承接的第一个项目是梅赛德斯奔驰 she's 俱乐部成立晚宴，自此定下了它的品牌经营业务的基调。为什么在这些空间需要鲜花的存在呢？

在现代商业空间和品牌活动中，鲜花的存在不仅仅是装饰品，更是传递情感、提升品牌形象以及营造氛围的美丽媒介。朵朵欢诚以自然生命力为设计出发点，与许多高端品牌的生活美学理念不谋而合。鲜花作为自然的艺术品，能够通过其色彩、形态和香气，为空间注入生机与活力。对于高端品牌沙龙会议或主题活动而言，鲜花装置设计有助于营造优雅、温馨或奢华的氛围，鲜花更是一种直观的美学表达，传递了品牌对自然与艺术的敬意，同时展现了品牌的审美水平与文化追求。

然而，有时为了突出广告的创意和独特性，设计师会故意打破常规的审美标准，采用一些看似丑陋、怪异或不合常规的元素和手法。这种审丑设计的目的在于引起消费者的好奇心和兴趣，进而引导他们深入了解广告所传递的信息或品牌理念。审丑设计通常具有强烈的视觉冲击力，能够在短时间内吸引消费者的注意力，并激发他们的思考和讨论。虽然审丑设计可能会让一部分消费者感到不适或反感，但它也能够引发更多的关注和讨论，从而增加广告的曝光度和影响力。

在广告设计中，审美与审丑并不是完全对立的。相反，它们可以相互借鉴、相互融合，以创造出更加丰富多彩、引人入胜的广告作品。有时，一个广告作品可能同时包含审美和审丑的元素，通过对比和冲突，营造出一种独特的视觉效果和情感体验。这种设计手法能够更加深入地挖掘消费者的内心需求，引发他们的共鸣和认同，从而实现广告的有效传播和品牌形象的塑造。

"审美文化研究关注具体的审美现象与审美实践，如日常生活审美、广告美学、音乐审美、电影审美、审美教育等，通过对大众消费时代审美文化的批判性阐释，将美学研究导向经验主义与实用主义的维度。这种转向，激活了美学研究的实践意识，强化了美学与生活世界的关联，突出了美学作为感性学对当代大众文化的建构功能，避免了美学研究的理论贫乏。"①

广告美学与社会的流行文化、审美趋势息息相关，它能够捕捉时代精神并反映社会心理需求。广告中对时尚元素的运用，如配色、构图、服饰设计等，直接影响了大众的审美选择。例如苹果的简约设计或古驰的复古怪诞风，使这些风格深入人心，逐渐被接受和模仿。国际品牌广告常融入不同地区的文化元素，日系广告中的禅意美学、意大利广告中的文艺复兴风格，为大众提供了跨文化、全球化的审美体验。面向年轻消费人群的广告美学往往对传统审美观念形成了冲击与重塑，过去广告多以传统美为核心，而如今更注重张扬个性、打破常规，越来越多品牌广告开始展现"真实"的美，包容不同身材、年龄和肤色。

广告中的审美与审丑从来不是对立阵营，而是资本操纵下的量子纠缠态。当"完美"因过度生产而贬值，"丑"便成为新的稀缺资源；当审丑演变为套路，极致美学又将重夺话语权。未来的广告美学，或将进入德勒兹所说的"游牧状态"——在永恒的流变中，唯有对注意力的捕获永恒不变。

四、数据画像：精准化营销

"在美妆公司工作的四年时间里，经历过不同广告时代的变革。2020—2022 年广告责任主要是'曝光'，主要让消费者知道我的产品是什么，并通过相对较大的媒介（如户外/电梯）等传递产品的价值感；2022 年后，明显感觉到营销往精细化运营发展，广告不再是单触点，而是一整套广告媒介和社媒平台的组合拳（如电梯媒体+小红书、抖音种草+抖音、天猫站内广告），同时对于广告所能触达的人群要求会更

---

① 李艳丰. 文化与诗学：理论阐释与批评话语［M］. 广州：暨南大学出版社，2021.

加精细化，如之前越多的人知道我越好，现在是越多'我需要的人'知道我越好，所以天猫的八大人群、抖音 5A 人群、红书 AIPS 人群应运而生。2022 年曾负责过一款修护精华的上市活动，媒介花费达大几千万，以电梯广告和小红书、抖音的种草（以产品宣传为主的达人）为主，并不太重视后链路的转化。2024 年做一款新品次抛精华的上市，预算可能不到 1 000 万元，面向大媒体的品宣投入几乎没有，但是对于抖音和红书种草广告的人群精准度要求不断提高。"美妆行业市场营销从业人员梁茹砚对美妆行业近几年的广告营销心得如是说，同时她预判："消费市场的增速确实不断趋向平稳，不会再有"大跃进"，市场是由消费者创造，所以二者的行为呈现趋同。消费者消费降级及消费市场中品牌将愈卷愈烈。消费市场呈现马太效应，既有白牌的爆发也有高端品牌的黄金期。"

数据画像技术的出现，如同为营销者装上了热成像夜视仪——通过多维数据建模构建消费者数字孪生体，使营销活动从广谱轰炸进化为外科手术式的精准触达，这种转变不仅重构了营销成本结构，更开启了"一人一策"的个性化商业时代。

在现代精细化运营中，企业广泛应用多种数据模型来实现数据驱动的决策和优化。目前行业中已成熟运用各大数据模型来完成数据驱动的精细化运营（见表 8.3）。

表 8.3　主要运营数据模型

模型名称	模型简介
RFM 模型	通过分析客户的最近购买时间（recency）、购买频率（frequency）和购买金额（monetary），评估客户价值，制定有针对性的营销策略
AIPL 模型	描述消费者从认知（aware）到兴趣（interest）、购买（purchase）再到忠诚（loyalty）的过程，帮助企业在不同阶段制定相应的营销策略

表8.3(续)

模型名称	模型简介
科特勒5A模型	包括了解（aware）、吸引（appeal）、询问（ask）、行动（act）和拥护（advocate）五个阶段，强调从用户接触品牌到成为品牌拥护者的全过程追踪和分析
AARRR模型	又称海盗模型，涵盖获客（acquisition）、激活（activation）、留存（retention）、收益（revenue）和传播（referral）五个环节，帮助企业全面了解用户生命周期，制定增长策略
STP模型	代表市场细分（segmentation）、目标市场选择（targeting）和市场定位（positioning），指导企业确定目标市场并制定定位策略
4P营销组合模型	关注产品（product）、价格（price）、渠道（place）和促销（promotion）四个关键要素，帮助企业制定综合性的营销策略
4C营销组合模型	以消费者为中心，强调消费者需求（consumer needs）、成本（cost）、便利性（convenience）和沟通（communication），指导企业从消费者角度制定营销策略
SWOT分析	通过分析企业的优势（strengths）、劣势（weaknesses）、机会（opportunities）和威胁（threats），帮助企业制定战略规划
PEST分析	评估政治（political）、经济（economic）、社会（social）和技术（technological）等宏观环境因素对企业的影响，辅助战略决策
增益模型	通过预测营销干预对不同用户的影响，识别对营销活动最敏感的用户群体，提高营销效率

资料来源：整理自网络。

特步作为中国领先的运动品牌，以"跑步生活"为核心理念，将品牌与运动健康深度绑定，并通过娱乐营销强化潮流属性。2001年签约谢霆锋开创体育娱乐营销先河，2021年与《这就是街舞》合作推出联名款，通过节目热度触达年轻潮流人群。其目标客群主要为18~34岁的人群，品牌通过数据洞察发现这类人群偏好黑/白色系、T恤卫衣等潮流单品，并针对性设计产品。特步整合内部会员、订单、广告数据，并补充第三方标签，建立消费者"One ID"体系，实现全域数据打通。例如，通过客户数据平台（CDP）整合分散数据，构建人群细分模型，支撑精准营销。在广告的公域投放优化中利用高潜模型预测购买人群，在抖音等平台定向投放，投资回报率（ROI）超过14%，成本降低2成；全链路归因则是采用按订单付费（CPO）和多触点归因（MTA）模型，量化各渠道对销售的贡献，优化投放策略。

　　未来广告的精准化还在于数据的多元化与全方位覆盖，用户在社交媒体、搜索引擎、电商平台的行为结合物联网设备（如智能穿戴设备、智能家居）采集用户的生活习惯、位置数据等，多元化数据的整合能够构建更细致、更动态的用户画像，从而实现个性化、情境化广告投放。采集到的数据经过分析后，将使广告从"静态预测"向"动态实时投放"转变：例如通过实时分析用户正在发生的行为，淘宝和拼多多等电商平台现在基本已经实现在用户搜索特定商品时，平台便即时推送相关优惠信息，或者是一打开电商平台，想搜索的内容已经出现在搜索框。目前，平台之间仍然存在壁垒，数据尚未共享，设想一下，未来银行、电商平台、社交网络、出行服务等行业的数据共享，便可构建用户的全方位画像，当然对于消费者来说也带来了隐私泄漏的担忧。

　　从大数据的角度来看，未来广告精准化的核心在于数据采集、分析和应用的深度整合。在技术发展的同时，广告行业须平衡用户体验与隐私保护，通过透明化和授权机制构建可持续的数据驱动广告生态。数据如何采集、共享和使用，还需要具体的操作规范来指导和约束。

　　当数据画像精确到可以预测消费者下一杯咖啡的口味时，营销者更需警惕技术异化带来的情感疏离。精准化营销的终极目标不是制造消费机器，而是通过技术理解创造更深层的人文共鸣。正如美国奈飞公司（Netflix）在《纸牌屋》制作中，既运用了3 000万用户的行为数据，又保留了艺术创作的灵性光芒——这才是数字时代营销哲学的应有之义。

第二节　未来广告的多场景应用

伴随技术进步与媒介融合的发展，未来广告将更加智能化、多元化，并融入生活的方方面面。广告将不再局限于传统媒介，而是通过多场景应用实现精准触达和深度互动，社交媒体与内容平台将继续是未来广告的重要阵地，但形式将更为隐性和互动化，从传统的"信息传递"向"情景融合"和"体验引导"发展，成为消费者生活中无缝衔接的一部分。

一、智人时代：人机交互下的广告

迈克斯·泰格马克在《生命3.0》里将生命发展分为三个阶段：

生命1.0：硬件和软件都来自进化的生物阶段。

生命2.0：能够通过学习来设计软件的文化阶段。

生命3.0：可以设计硬件和软件，并主宰自我命运的科技阶段①。

我们尚处于生命2.0阶段，生命3.0阶段就是超越人类智能水平的AI。随着技术的飞速发展，特别是人工智能（AI）领域的突破性进展，我们正逐步迈向一个充满无限可能的新时代。

智人，可以被理解为"有智慧的人"，也就是现今人类对自己的定位，也可以被理解为"智能的人"，随着人形机器人的快速研发，智人在未来更多的可能是指向"智能的人"。

人形机器人作为机器人技术的重要分支，聚焦于模仿人类外形与行为，广泛应用于服务、医疗、教育和娱乐等领域。国内开发人形机器人进度相对成熟的企业主要是优必选科技、小米集团、宇树科技、杭州云

---

① 泰格马克. 生命3.0［M］. 汪婕舒，译. 杭州：浙江教育出版社，2018.

深处科技、科沃斯机器人和大疆创新，注重语音交互、教育陪伴和消费级市场，但核心技术仍需提升，尤其是在伺服电机、高精度传感器等方面。

优必选科技公司产品覆盖服务机器人、教育机器人以及智能家居设备，致力于推动机器人在日常生活中的普及。代表性产品有 Alpha 系列机器人（定位：教育与娱乐机器人，面向家庭用户，具备多自由度的仿人运动能力，可实现舞蹈、瑜伽等复杂动作，同时支持编程教育），Walker 系列机器人（应用场景包括迎宾导览、家庭助理、医疗陪护等，Walker X 在 2023 年世界机器人大会亮相，获得广泛关注，优必选计划推动其在养老和高端服务领域的应用），教育型机器人 Jimu Robot（面向青少年市场，主打编程教育），医疗服务机器人。

近年来小米集团在人工智能与机器人领域的布局日益显著，其依托自身的 AIoT 生态系统、硬件研发实力和供应链管理能力，逐步在机器人市场占据重要地位。CyberOne 身高 177 厘米，重 52 千克，能够实现双足行走、情感识别、语音交互和简单任务执行，配备独立研发的视觉感知模块和多轴伺服电机，具备流畅的运动能力。应用场景主要是家庭助理（陪伴、迎宾、物品递送）和商用场景（展览、导览等）。小米机器人通过 AIoT 生态，与智能家居设备无缝联动，如智能门锁、温控器、空气净化器等，实现全场景智能化。所以说小米的机器人不仅是独立产品，还作为连接智能生态的中枢，提升整体用户黏性。CyberOne 虽然暂未量产，但小米已明确目标：通过成本优化，将产品价格控制在可接受范围内，实现大规模商用。

宇树科技的人形机器人因在 2025 年中央广播电视总台春节联欢晚会的节目《秧 BOT》中精彩表演而广受关注。在《秧 BOT》中，16 台宇树科技的 Unitree H1/H1-2 人形机器人身着红色大花袄，手持手绢，与舞蹈演员默契配合，完成了复杂的秧歌舞步和手绢转动等动作，展现了高度的灵活性和精准性。这些机器人配备了 3D 激光雷达和深度相机，能够实时获取高精度的空间数据，实现全景扫描，确保在舞台上的精准表现。宇树科技于 2023 年 8 月发布了全尺寸人形机器人 H1，高约 1.8 米，具备原地后空翻和每秒 3.3 米的快速行走能力。随后，在 2024 年 5 月，推出了身高约 1.27 米的 G1 人形机器人，基础版售价为 9.9 万元。这一价格相较于市场上其他人形机器人具有明显的性价比优势。宇树科技的人形机器人在硬件性能上表现出色，能够完成行走、跳舞等动作，并具备自主平衡能力。

国外的研发机构主要有波士顿动力、特斯拉、软银机器人、丰田、本田、Engineered Arts、Agility Robotics。

波士顿动力成立于 1992 年，由美国麻省理工学院（MIT）教授马克·雷波特（Marc Raibert）创立，最初专注于机器人动态控制研究，其产品以卓越的运动能力和应用潜力而闻名。Spot 是波士顿动力首款实现商业化的产品，已销售至多家企业和科研机构，售价约 7.5 万美元，主要用于工业检测、巡逻安防、医疗物资运输；Atlas 双足机器人尚未商业化，主要作为展示波士顿动力核心技术的标志性产品，目标应用在探索服务机器人和救援机器人领域；Stretch 物流机器人专为仓储物流设计，具备高效抓取与移动能力，聚焦物流市场，填补机器人在工业场景中的实际需求；BigDog 军用四足机器人起初为军方研发，用于负重运输和复杂地形任务，虽未大规模部署，但奠定了波士顿动力的技术基础。整体来看，波士顿动力机器人主要服务于工业和军事领域，属于 B 端消费场景，研发技术难度更大。

特斯拉不仅是一家电动车制造商，还通过其在电池、AI、能源管理和自动驾驶等领域的创新，成为全球清洁能源和智能化领域的领先企业。特斯拉研发的机器人 Tesla Bot，也被称为"Optimus"，是特斯拉在 2021 年 8 月首次公开展示的一项创新技术。它是一个类人型（humanoid）机器人，设计目的是帮助人类完成重复性、高危险性或繁重的工作。特斯拉机器人被设计为具备类人形态，拥有与人类相似的运动能力。它的外形包括头部、躯干、四肢，能够执行一些基本的日常任务，如搬运物品、进行简单的组装工作、清理家务等。与传统工业机器人不同，特斯拉机器人还力图具备更高的灵活性和适应性，能够在复杂、多变的环境中与人类互动。家庭生活中 Optimus 可以担任清洁、烹饪等任务，为老年人或行动不便的人群提供帮助；工业制造中在生产线或仓库，Optimus 可以代替人类进行搬运、组装或检测等重复性、危险性较高的工作；医疗行业中，Optimus 可辅助进行病患护理，提供药物递送、床边照护等服务，减轻医护人员的工作压力；服务行业中，在餐厅、商场等公共场所，Optimus 可以承担迎宾、配送、清洁等工作。特斯拉机器人预计将大大改变劳动力市场，尤其是在劳动力成本高、人口老龄化严重的地区，Optimus 不仅能替代部分人工，减少劳动力需求，还能带来生产力的提升，当然，也有对机器人普及带来失业等社会问题的担忧，这是人类当下对机器人开发的一大争议点。

　　虽然现实世界的人形机器人距离可大量商用或家用的成熟度仍有空间，但在网络虚拟世界中，AI 虚拟人已全网开花。20 世纪 90 年代末，英国 PA New Media 公司曾推出世界上第一个虚拟主持人 Ananova，Ananova 可以根据新闻脚本快速录制视频，24 小时持续播报。Ananova 的面部特征打造模仿英国名人维多利亚·贝克汉姆（Victoria Beckham）和澳大利亚著名女歌手凯莉·米洛（Kylie Minogue），声音是由 Rhetorical Systems 开发的技术驱动。2000 年电信巨头 Orange 收购 PA New Media 后，Ananova 继续播报新闻资讯至 2004 年退出历史舞台。此后，日本推出了寺井有纪（Yuki）；中国推出了歌手虚拟主持人阿拉娜（Alana）；美国推出了薇薇安（Vivian）；韩国推出了露西雅（Lusia）。

　　2020 年淘宝"618"购物节，除了洛天依在 6 月 3 日登录淘宝直播天猫全明星直播间，还有初音未来于 6 月 8 日入驻淘宝，成为"淘宝人生次元大使"，与此同时，快手上一禅小和尚开始尝试直播带货。虚拟形象进入直播间，除了引入自身年轻的粉丝流量，其不分时段连续直播，可以提升店铺直播时长，打造无人直播新场景，但算法终究不能代替人，在个性化服务上，虚拟形象很难像真人一样给出响应或是和观众互动，真人主播凭借其独特的个性、情感表达、实时互动能力以及丰富的专业知识，在直播领域占据了重要地位。真人主播能够直接与观众建立情感联系，提供个性化的内容和服务，这是目前 AI 技术难以完全复制的。

当谈及"生命 3.0"，即超越人类智能水平的 AI 时代，AI 驱动的虚拟主播能够基于大数据分析精准理解观众需求，提供个性化的内容推荐和互动体验。与真人主播相比，虚拟主播具备更强的学习能力，能够不断从数据中学习新知识，优化自身的表现。他们可以轻松适应不同的平台和设备，实现多平台同步直播，提高内容传播的效率和覆盖面。未来，虚拟直播将在直播领域发挥越来越重要的作用，但真人主播的独特的人文情感价值也将继续得到体现和发挥。两者之间的平衡与融合，将是未来直播行业发展的重要趋势。

AI 和人机交互（HCI）技术的飞速发展带领人类进入"智人时代"，人机交互不仅重塑了广告传播的方式，也提升了用户体验和广告的精准度。日常生活化的语音助手在生活中屡见不鲜，车载导航可以切换不同音色、主题的播报，Alexa、Siri 等可以根据用户的日常对话推送相关产品或服务信息，AI 驱动的广告系统通过分析用户的行为数据、兴趣偏好和消费习惯，实时生成高度定制化的广告内容。情感计算广告不再不可量化，智慧系统能够通过分析用户的面部表情、语音语调和生理信号感知情绪状态，从而推送符合用户情绪的广告，当用户表现出疲惫时，可能会收到关于健康饮品或休闲活动的广告推荐。

人机交互广告依赖大量用户数据，这引发了隐私泄露和数据滥用的担忧。广告过于频繁或过度个性化可能让用户感到被监视，从而降低信任度，如何在精准广告与用户隐私之间找到平衡至关重要。在智人时代，人机交互技术不仅革新了广告的形式和传播模式，也为品牌与消费者之间构建了更紧密的连接。未来的广告行业需要在技术创新、用户体验和社会责任之间寻找最佳平衡点，打造更智能、更人性化的广告链接。

二、未来的一天：与广告相伴

广告的多场景应用离不开技术的支持。从最初的广播和电视广告到互联网广告，再到移动互联网和社交媒体的兴起，广告触点的多样化已成为趋势。未来广告的多场景应用，正是基于技术革新和消费者需求变化的双重驱动，逐步实现从单一媒介到多场景整合的转型。广告的未来是一个数字化世界。在现代社会生活中，数字化营销已经成为产品和服务广告的新方式，数字化营销的主要目标是轻松高效地接触到品牌的目标受众，利用大数据和人工智能技术，对目标受众进行精准定位。通过分析消费者的行为、兴趣、购买历史等数据，品牌可以识别出最有可能对其产品或服务感兴趣的受众群体，从而确保广告和信息能够精准地触达他们。通过定制化的广告、推荐和互动，品牌可以与受众建立更紧密的联系，提高广告的吸引力和转化率。

社交媒体平台上的广告更受欢迎，在这个科技时代，人们倾向于使用 Facebook、Twitter 等社交媒体平台来分享他们对不同品牌或产品的想法，而不是过去常见的电视广告或平面广告等传统形式。这种趋势已经影响了许多公司的销售数字。当我们看到越来越多的人花时间在这些类型的媒介上，在社交网站上娱乐的内容，让大众整天沉迷，甚至没有意识到他们是广告！未来将有更多新的媒介形式出现，即便拥抱新技术的过程是漫长的，甚至对于一些不擅长使用数字化设备的人来说去接受未来科技给生活带来的变化是困难的，但是这场变革浪潮正在滚滚而来。

消费者行为的碎片化是多场景广告发展的一大驱动力。在当代社会，人们的消费行为不再局限于单一场景，而是跨越线上与线下、室内与室外、工作与休闲等多种环境。例如，在一个普通的工作日，消费者可能通过智能音箱接收早间新闻中的品牌信息，在通勤途中通过移动设备看到社交媒体广告，而在商场购物时又接触到基于位置服务的促销信

175

息。无论是虚拟的营销场景，还是带货推荐官，未来广告将逐渐在万物互联技术普及下渗透人们的生活。在北美的电影院，电影开始之前不是播放传统的视频广告片，而是显示"TimePlay"游戏，观众可以在自己的手机上先下载好"TimePlay"App，在电影院打开 App 则可以连接到屏幕上和大家一起游戏，游戏可能是一些关于电影的抢答题，胜出的观众可以获得积分或者兑换可乐爆米花。1957 年，美国市场调研专家詹姆士·威克瑞宣布了一项实验结果：通过潜意识刺激可以对人们的消费行为产生影响。威克瑞在美国新泽西北部的一家电影院，用两部投影仪播放《野餐》电影，让两部机器同时工作。在电影放映过程中，他用很弱的强度在荧幕上映出"喝可口可乐"或"请吃爆米花"字样，并以非常快的速度出现，信息在屏幕上一闪而过，观众的眼睛无法注意到这些叠加在电影情景上的广告信息，但潜意识里已经读到。虽然他们不知道这些测试和信息，但影院周围的可口可乐和爆米花销量分别上升了18%和58%。在很长一段时间乃至现在，映前广告和植入式广告出现在电影院里，事实上电影正式开始之前，观众的注意力集中在自己的手机上，映前广告越来越无效，"TimePlay"游戏的营销策略则是通过游戏的方式连接大屏幕和小屏幕，重新赢得观众的注意力。

在当今这个日新月异的时代，创新的玩法与尖端的技术支持紧密相连，相辅相成。对于那些资金雄厚的实体而言，广告已远远超越了单纯的推广工具范畴，成为提升服务品质与用户体验的核心要素。然而，对于广大的普通用户群体来说，广告似乎成了一种难以规避的存在，无论其形式如何千变万化。一旦我们踏入网络的世界，无论是我们享受的技术便利，还是浏览的信息内容，都往往在直接或间接地助力广告效果的实现，成为广告生态中不可或缺的一环。

未来广告的核心在于通过技术和内容的深度结合，构建一个无缝衔接的全场景生态系统。这种生态系统不仅包括传统的媒体渠道，还涵盖了智能家居、可穿戴设备、虚拟现实和增强现实设备等，广告不再是单一媒介上的插播信息，而是融入消费者生活场景中的"隐形"体验。

智能家居生态系统更是进一步将广告引入我们的日常生活场景之中。智能家居设备如智能音箱、智能冰箱和智能电视，正在成为广告的新兴载体。例如，智能音箱天猫精灵、百度的小度和小米的小爱同学已经具备推荐商品的能力，在播报时插播广告。

　　试想一下未来的一天：早上 7 点，智能窗帘缓缓拉开，阳光洒满房间。智能音箱柔和的语音助手用亲切的口吻向你问好："早安，今天是晴天，温度为 18~25 摄氏度。推荐你穿轻薄的外套哦。"接着推荐一款正在打折的智能恒温衣，附带一条简单的语音指令："是否需要购买？我可以帮你下单。"在浴室，智能镜子显示了你的健康数据，包括昨晚的睡眠质量和早晨的心率，同时推荐了一款新的牙膏："试试这款定制牙膏吧，专为早晨保护牙釉质设计，现在购买可享第二支半价优惠。"早餐过后，你坐上自动驾驶汽车，车机屏幕显示了你的行程路线，同时推荐了沿途的美食和咖啡店，可以通过车内语音助手预订一杯。到了中午用餐时，和同事到了一家餐厅，通过增强现实眼镜直接在菜单上看到每道菜的 3D 呈现和热量信息，帮你健康点餐。傍晚健身房跑步机的显示屏上，一款运动饮料的广告出现在你的屏幕右侧，并根据你的运动强度实时推送补水建议："当前你已经消耗了 300 卡路里，推荐补充某品牌的电解质水，现在扫码可享受免费送货服务。"晚上你戴上虚拟现实头显，进入了一个元宇宙社交空间，和朋友们一起参加一场虚拟音乐会。演唱会中，某品牌的虚拟代言人登台与主唱互动，介绍了一款新品耳机。你只需点点手边的虚拟广告牌，耳机的购买链接就会直接跳转到你的购物车中……从早晨的语音推荐到夜晚的沉浸式体验，广告融入了生活的每一个细节。

　　展望未来，广告行业势必迈向一个更加多元化、智能化及高度个性化的崭新纪元。随着大数据、人工智能等前沿技术的持续飞跃，广告将得以空前精准地锁定并触及目标消费群体，为他们量身打造个性化十足的内容与体验。与此同时，跨媒介的整合营销策略与一体化发展趋势将蔚然成风，各类媒介的广告形式将紧密融合，携手共筑一个辐射范围更广、影响力更强的综合营销网络，从而开创广告传播的新篇章。

第三节　未来广告的社会价值观

　　随着社会、科技和文化的不断发展，广告不仅是商业营销的工具，也成为塑造社会价值观、推动社会变革的重要媒介。在现代市场环境中，消费者不仅关注产品本身的功能和价格，也越来越关注品牌在社会问题上的态度和行动。广告在大众媒体中的覆盖面广，对社会文化和公众观念有重要的引导作用，负责任的广告应传递正向价值观，如环保意识、健康生活方式、平等与多元等。广告的社会责任与品牌价值密不可分。通过履行社会责任，广告不仅能够为品牌创造短期市场价值，还能提升长期竞争力。然而，企业需谨慎平衡经济利益与社会责任之间的关系，以实现可持续发展。

一、消费主义中的幸福与痛苦

　　"动物只要不疾病，食物充足，就会快乐满足。人也应该如此；然而现实并非这样，至少在大多情况下并非这样。"① 消费主义制造"永远未满足"的状态：广告不断激发新的需求，从"需要"到"想要"，让人陷入"购买–厌倦–再购买"的循环。广告"制造幸福"存在现实困境。《过度消费的美国人》指出新消费主义和美国之前的消费文化有不同：过去的人们以自己的邻居作为对比对象，而现在我们的攀比对象已经不再局限于和我们收入水平相当的人群，而是向上延伸至更高的社会阶层，人们将高出自己收入很多倍的人作为消费参照，"除了与现实生活中的同事、朋友打交道外，我们还时常与'大众传媒朋友'来

---

① 罗素. 幸福之路［M］. 吴默朗，等译. 北京：中央编译出版社，2009.

往"①，大众媒体和广告业也对"为消费者塑造出更多的消费参照群体"乐此不疲，人们模仿剧中演员的生活方式，使用广告中演绎的产品，将家装修成电影风格的场景……购买新商品带来的新鲜感、占有欲的实现，能产生即时的多巴胺刺激，形成短暂的快乐体验。这种"消费即快乐"的逻辑，将物质满足等同于幸福，成为现代生活的"止痛片"。

值得反思的是，如何改变消费者只有被动地接受广告、却没有选择接受什么样的广告的权力这一现象。直到今天，基于大数据技术和信息智能分发技术，媒体和广告更加精准地给消费者和读者推送了想要给他们看的内容，尽管消费者在看了之后可以选择"不感兴趣，拒绝接受此类推送"，可是被拒绝的信息已经进入了消费者的注意力当中，表面上消费者对信息似乎有了选择权，其实不过是一层伪饰和平台骗取用户反馈的手段。

广告中一些过于极端的宣传语句，比如绝对的肯定和极端的否定，让那些本来就属于购买力不足的消费者，在众人的眼光中，增加生活的压力。广告看似是简单的宣传语，但在此之下便变成了攻击人群的利器，从细小甚微之处瓦解掉人的内心意念。它会在某种程度上，让那些本该简单幸福的人，失去属于他们的简单快乐，变得有些自不如人的低落。对那些本身就处在水深火热的人群，无意之中就加深了他们的不幸。广告的存在必然有它自身的意义，但是过度解读产品、宣传产品，是对于社会幸福的一种冲击。广告的存在应该方便消费者生活，增强幸福感，而不该是从中投机取巧的诱导。

"用脚步丈量世界"这些广告中设定的美好生活方式不一定适用于每一个人。人类的信息处理能力是有限的，在互联网高速发展的今天，我们接收的信息量远超我们能够处理得当的，过量的信息分散了人的注意力，也干扰了判断和选择，甚至被包着糖衣的信息误导。要想成为一

---

① 斯格尔. 过度消费的美国人［M］. 尹雪姣，张丽，李敏，译. 重庆：重庆大学出版社，2009.

个简单幸福的人，就自身而言最重要的是避免"信息疲劳"，学会抵抗广告信息的干扰。

作为商业传播的重要形式，广告行业需要在逐利与责任之间找到平衡，推动个人幸福与社会福祉的共生发展。广告应从单向传播转向多向对话，引导健康的生活方式和消费观念，促进个人和社会拥有长期福祉。

二、大众传播下的媒介主张

"有史以来第一次，在我们这个时代里，成千上万训练有素的人耗尽自己全部时间来打入集体的公共头脑。打进去的目的是操纵、利用和控制，旨在煽起狂热而不是给人启示。在人们脑子里留下持久的烙印，使大家处于无助的状态，这就是许多广告造成的后果，也是许多娱乐造成的后果。"①

麦克卢汉在《机器新娘：工业人的民俗》开篇点名广告操纵大众，激起人们的情绪以达到自己的商业目的。如今媒体更加被细分：大众媒体、自媒体各自演绎着不同的角色，而共同目标便是从文化、消费、信仰等各个角度对公众进行渗透和说服。

大众媒体超越时间和空间距离，对广大群众传播信息，覆盖人群和空间广阔。其特点是：拥有极大量的受传者；受某个机构（如电视台、报社等）的控制；采用某种固定的手段（如广播、电视、印刷等）复制和传播信息。大众媒体是19世纪20年代广播电台出现后开始使用的，具体指报纸、杂志、书籍等印刷媒体和电视、无线电广播、电影等电子媒体。例如新闻联播是中央电视台综合频道推出的晚间新闻节目，节目的主要任务是传达党和政府的声音、报道国内外重大事件等；《人

---

① 麦克卢汉. 机器新娘：工业人的民俗［M］. 何道宽，译. 北京：中国人民大学出版社，2004.

民日报》是世界十大报纸之一，主要宣传政府的政策主张，记录中国社会的变化，报道中国正在发生的变革。

美国专栏作家丹·吉摩尔最早在 2002 年提出自媒体的概念：新闻媒体 1.0 是传统纸媒、广播、电视等媒体；新闻媒体 2.0 是传统媒体的网络版、数字版、门户网站等；而新闻媒体 3.0 是自媒体，指博客、论坛、微博、微信等实现用户自己生产内容的媒介。大众媒体的传播方式是由专业媒体机构主导的"点到面"的传播，自媒体是由普通大众主导进行的"点到点"的信息传播活动。借助自媒体平台，每个用户都可以发布信息、传递信息，每个用户都会以自己为中心形成节点共享的信息传播网络，形成信息传播由信源中心向边缘扩散的传播机制。

"工业成果不再是未来的蓝图。"① 个体在生理、心理、社会等层面有不同的需求和欲望（如消费欲望、归属欲望、自我实现欲望），欲望也会随社会环境和媒介信息的变化而改变。大众传播媒介可以通过内容策划和传播机制，避免单一的"成功模板"，引导大众欲望朝着健康、可持续的方向发展，激发大众对健康生活方式、心理健康和自我成长的追求，鼓励对社会问题的关注和参与，培养公民意识，避免消费主义过度膨胀。

议程设置理论提供了一个有效框架，能够帮助大众传媒通过合理选择和呈现议题，引导公众关注社会积极议题，传播正向价值观和信息。第一层议程认为媒介决定哪些议题出现在公众视野中，会影响公众对哪些议题重要性的判断；第二层议程认为媒介不仅告诉公众想什么，还告诉公众如何看待某个问题，通过特定的报道框架（如正面或负面叙述），媒介塑造了公众对议题的认知方向。第三层议程认为媒介通过关联不同议题，塑造公众对这些议题间关系的理解。通过合理选择议题、优化传播内容、强化公众互动，媒介可以塑造积极的社会价值观，促进

181

① 罗安清. 末日松茸：资本主义废墟上的生活可能［M］. 张晓佳，译. 上海：华东师范大学出版社，2020.

公众关注社会发展和个人成长。在技术进步和信息环境日益复杂的背景下，议程设置理论也需要进一步结合算法推荐和数据分析工具，推动正向传播的深度和广度。

三、商业之外：广告的公益事业参与

广告行业在推动商业利益的同时，逐渐在公益事业中发挥了积极作用。公益广告作为广告行业的重要组成部分，超越了单纯的商业诉求，致力于提升公众意识、传播正能量。

广告不仅能够传播理念，还能直接引导公众采取实际行动。比如通过公益广告鼓励人们捐款、献血、志愿服务等，将抽象的社会责任转化为可操作的公众行为。2014 年的 ALS 冰桶挑战视频风靡全球，通过广告和社交网络的力量成功筹集了大量资金，用于渐冻人症的研究。传统观念里公益广告应该是由政府或公益组织制作宣传，但目前越来越多可以见到企业或爱心群体为主体创作的公益广告。许多非营利组织资源有限，难以进行大规模宣传。广告公司通过无偿或低成本的支持，帮助这些组织设计并传播公益广告，显著扩大其影响力。例如联合国儿童基金会（UNICEF）常与广告公司合作，制作高质量的公益广告来呼吁公众关注全球儿童的健康与教育问题。

微信公众平台作为国内领先的内容传播与互动工具，文章有巨大的阅读量。文章结尾曾经是为创作者开发的"赞赏"功能，现在添加了"公益捐赠"功能，创作者可以自由选择"赞赏"还是"公益捐赠"，在"公益捐赠"中可以继续选择捐赠公益项目，例如中国儿童少年基金会的"乡村支教美丽中国"或是中国妇女发展基金会的"一水一滴母亲水窖"等，有诸多公益项目可供选择。文章后捐赠功能主要为非营利组织、公益项目及部分内容创作者提供直接的资金支持渠道，用户可以在阅读完文章后立即通过捐赠按钮进行支持，缩短了从认同到行动的路径，并且支持小额捐赠，降低用户参与门槛，鼓励"微公益"理念，集合社会力量。优质内容创作者通过捐赠功能传递正能量，构建内容创作与社会责任之间的桥梁，也有助于创作者的个人形象建立。

公益广告是推动社会包容性的重要工具，近年来，许多公益广告聚焦于性别平等、种族包容和残障人士权益等议题，通过真实而感人的叙事引发共鸣。《新时代女性》公益广告于 2023 年 3 月 7 日（国际妇女节前夕）发布，获 2019 年第 26 届中国国际广告节公益广告黄河奖金奖，这条公益广告的核心聚焦"性别平等"与"女性自我价值实现"，针对传统性别偏见、职场天花板、家庭与事业平衡等社会痛点，通过 3 个普通女性的日常场景，将"性别平等"转化为可触摸的情感体验，让观众在"她的故事"中看到"我的可能"。这种"小视角、深共鸣"的场景化营销，为公益广告突破"传播即说教"的困境提供了范例——真正的社会包容性传播，始于让每个个体在故事中看见自己的影子。

广告行业的公益事业参与，是其从商业工具向社会驱动力转型的重要体现。通过公益广告的形式，广告行业不仅传播社会价值，还能激发公众的行动力，为解决社会问题贡献力量。在未来，随着技术的发展和社会需求的变化，广告在公益事业中的作用将更加重要，其社会价值也将更加凸显。

参考文献

阿多诺，霍克海默，2020. 启蒙辩证法：哲学断片 [M]. 渠敬东，曹卫东，译. 上海：上海人民出版社.

巴尔特，鲍德里亚，等，2005. 形象的修辞：广告与当代社会理论 [M]. 吴琼，等译. 北京：中国人民大学出版社.

鲍德里亚，2019. 物体系 [M]. 林志明，译. 上海：上海人民出版社.

鲍曼，2012. 流动的生活 [M]. 徐朝友，译. 南京：江苏人民出版社.

巴兰，戴维斯，2014. 大众传播理论：基础、争鸣和未来 [M]. 5 版. 曹书乐，译. 北京：清华大学出版社.

巴特，2008. 符号学原理 [M]. 李幼蒸，译. 北京：中国人民大学出版社.

贝特森，2008. 纳文 [M]. 李霞，译. 北京：商务印书馆.

陈龙强，张丽锦，2022. 虚拟数字人3.0：人"人"共生的元宇宙大时代 [M]. 北京：中译出版社.

陈玉林，陈凡，2021. 西方技术史的文化研究路径及其整合 [M]. 北京：中国科学技术出版社.

陈正辉，2008. 广告伦理学 [M]. 上海：复旦大学出版社.

艾柯，2007. 美的历史 [M]. 彭淮栋，译. 北京：中央编译出版社.

艾柯，2010. 丑的历史 [M]. 北京：中央编译出版社.

弗莱彻，2014. 牛津通识读本：广告 [M]. 张罗，等译. 南京：译林出版社.

福柯, 2003. 规训与惩罚: 监狱的诞生 [M]. 刘北成, 杨远婴, 译. 北京: 生活·读书·新知三联书店.

福山, 2017. 我们的后人类未来: 生物技术革命的后果 [M]. 黄立志, 译. 桂林: 广西师范大学出版社.

冯莉, 2016. 广告学 [M]. 北京: 中国铁道出版社.

高丙中, 2024. 区域国别学的对象论: 世界社会的视角 [J]. 中央民族大学学报 (哲学社会科学版), 51 (2): 26-34.

格尔茨, 2014. 文化的解释 [M]. 韩莉, 译. 南京: 译林出版社.

郭景萍, 2017. 消费文化与当代中国人生活方式流变 [M]. 北京: 社会科学文献出版社.

黑尔曼, 2019. 品牌社会学 [M]. 吕律, 张雪, 译. 北京: 凤凰壹力出版社/上海三联书店.

霍德, 2022. 纠缠小史: 人与物的演化 [M]. 陈国鹏, 译. 上海: 文汇出版社.

黄洪民, 2002. 现代市场营销学 [M]. 青岛: 青岛出版社.

基辛格, 施密特, 胡滕洛赫尔, 2023. 人工智能时代与人类未来 [M]. 胡利平, 风君, 译. 北京: 中信出版社.

莱乌托尔德, 2024. 本土美学: 原住民艺术、媒介与认同 [M]. 向丽, 赵威, 译. 北京: 文化艺术出版社.

拉康, 鲍德里亚, 2005. 视觉文化的奇观 [M]. 吴琼, 译. 北京: 中国人民大学出版社.

勒庞, 2015. 乌合之众 [M]. 张波, 杨忠谷, 译. 广州: 新世界出版社.

黎万强, 2014. 参与感: 小米口碑营销内部手册 [M]. 北京: 中信出版社.

李荣荣, 2012. 美国社会与个人 [M]. 北京: 北京大学出版社.

李艳丰, 2021. 文化与诗学: 理论阐释与批评话语 [M]. 广州: 暨南大学出版社.

185

利奇，2020. 欲望之地：美国消费主义文化的兴起 [M]. 北京：北京大学出版社.

利特约翰，福斯，2009. 人类传播理论 [M]. 9 版. 史安斌，译. 北京：清华大学出版社.

罗安清，2023. 末日松茸：资本主义废墟上的生活可能 [M]. 张晓佳，译. 上海：华东师范大学出版社.

罗岗，顾铮，2003. 视觉文化读本 [M]. 桂林：广西师范大学出版社.

罗素，2009. 幸福之路 [M]. 吴默朗，金剑，译. 北京：中央编译出版社.

马尔库塞. 1989. 单向度的人 [M]. 刘继，译. 上海：上海译文出版社.

马歇尔. 1890. 经济学原理 [M]. 朱志泰，译. 北京：商务印书馆.

麦克卢汉，2004. 机器新娘：工业人的民俗 [M]. 何道宽，译. 北京：中国人民大学出版社.

麦基，格雷斯，2018. 故事经济学 [M]. 陶矇，译. 天津：天津人民出版社.

米德，2011. 萨摩亚人的成年 [M]. 周晓红，李姚军，刘婧，译. 北京：商务印书馆.

米勒，2010. 物质文化与大众消费 [M]. 费文明，等译. 南京：江苏美术出版社.

慕明春，2000. 论广告艺术的审美特性 [J]. 人文论坛 (5)：153-156.

牟怡，2017. 传播的进化：人工智能将如何重塑人类的交流 [M]. 北京：清华大学出版社.

裴培，高博文，2022. 元宇宙：人类空间移民的想象力革命 [M]. 长沙：湖南文艺出版社.

派恩，吉尔摩，2016. 体验经济 [M]. 毕崇毅，译. 北京：机械工业出版社.

宋玉书，2015. 生态文明传播：公益广告的着力点和主攻点 [J]. 中国地质大学学报（社会科学版）(3)：66-72, 139.

斯丹迪奇，2019. 社交媒体简史 [M]. 林华，译. 北京：中信出版社.

斯蒂格勒，2023. 技术与时间 [M]. 裴程，等译. 南京：译林出版社.

孙英春，2008. 跨文化传播学导论 [M]. 北京：北京大学出版社.

隋越，2024. 使能：人工智能驱动经济高质量增长 [M]. 北京：电子工业出版社.

唐凯麟，2006. 西方伦理学流派研究丛书 [M]. 长沙：湖南师范大学出版社.

天图投资，2024. 对话三浦展：未来，消费社会将如何发展？[J]. 中国眼镜科技杂志（4）：63-67.

瓦尼耶，2003. 文化全球化 [M]. 吴锡德，译. 台北：麦田出版社.

王伟，2021. 支付方法论 [M]. 北京：机械工业出版社.

西奥迪尼，2016. 影响力 [M]. 陈叙，译. 北京：北京联合出版社.

薛志荣，2019.AI 改变设计：人工智能时代的设计师生存手册 [M]. 北京：清华大学出版社.

原研哉，2010. 设计中的设计 [M]. 纪江红，译. 桂林：广西师范大学出版社.

张毅莲，2016. 广告赏析与批判 [M]. 厦门：厦门大学出版社.

张笑宇，2021. 技术与文明：我们的时代和未来 [M]. 桂林：广西师范大学出版社.

赵毅衡，2016. 符号学：原理与推演 [M]. 南京：南京大学出版社.

祖博夫，2020. 监控资本主义时代 [M]. 温泽元，等译. 台北：时报出版社.

郜书锴，2013. 数字未来：媒介融合与报业发展 [M]. 北京：人民日报出版社.

BAILEY J J，GREMLER D D，MCCOLLOUGH M A，2001. Service encounter emotional value：the dyadic influence of customer and employee emotions [J]. Services Marketing Quarterly，23（1）：1-24.

FRIEDBERG A，2006. The virtual window：from alberti to microsoft [M]. Cambridge：MIT Press.

KATO T, 2021. Functional value vs emotional value: a comparative study of the values that contribute to a preference for a corporate Brand [J]. International Journal of Information Management Data Insights, 1 (2): 1-7.

后 记

2022年年初，本书初稿大致完成，此后经过长期修改与打磨，收集行业资料，更新数据。直到今年在工作单位上海外国语大学贤达经济人文学院艺术与传媒学院硕士点培育项目和校级三级学术骨干培育项目的经费资助下，本书才有机会得以出版，感谢单位和领导对笔者的指导与支持。

在此，笔者衷心感谢胡维平老师在前期收集整理大量的文献资料，指导逐步搭建本书框架，并时常督促写作进度，在生活、工作和写作中给予莫大的鼓励。胡老师的研究著作和论文也是笔者在撰写本书时非常有价值的参考资料。

感谢上海大学上海美术学院丁蔚副教授、小不点大视界亲子微剧场杭州剧场经理章芳雅女士和阿里巴巴淘天集团高级用户运营洪之博于百忙之中为本书写推荐序。

感谢上海大学新闻与传播学院的牛盼强老师，其"文化产业管理"课程的思维和学术训练锤炼了笔者的调研能力、写作能力；感谢上海大学新闻与传播学院已故的张祖健老师，其"品牌管理"这门课是笔者真正走进广告理论的第一课。感谢博士生导师高丙中老师在"田野作业与民族志写作"课程中的读书和写作指导，让笔者开始切换其他视角和以未来读者身份来阅读、打磨自己的观点和文字，课上同门反复提到的"布局谋篇"在修改书稿阶段给予笔者很大启发。

感谢同学、好友及同事万雪、李祯、王子云、万欣、刘殊、梁茹砚、王萌倩、陈茗等人在笔者写作时给予陪伴和出版过程中的答疑解惑。

感谢家人在笔者求学与工作路上的支持与陪伴。

希望本书能为读者朋友带来一些思考和启发。

本书在章节案例中涉及的品牌，其相关内容均基于公开市场资料、行业报告、企业官方信息及合法渠道获取的客观数据进行分析，旨在通过真实商业实践探讨营销理论与方法论。文中对品牌的描述均为中性客观的学术性梳理，不包含任何主观褒贬或价值评判，亦不构成对特定品牌的商业推荐、声誉评价或侵权暗示。对于案例中可能出现的行业共性问题或争议性现象，其分析仅代表作者基于研究视角的专业观点，与品牌实际运营无必然关联。

许晓

2025 年 3 月